これからの時代の新しい起業のカタチ!

おうちではじめる

リモートビジネス入門

望月 高清 著

はじめに

自宅から一歩も出ずに、人と全く会わなくても十分な収入を得ることができる。そんな働き方を実現できるリモートビジネスが今世界中で注目されています。

リモートビジネスとはその名の通り遠隔でも行える営利活動、つまりお金の稼ぎ方です。リアルに人と会う必要はなく全てリモート、ネット上で完結するビジネスモデルです。

このリモートビジネスで今、家にいながらにしてサラリーマンの給与どころか年収何千万、何億円という収入を得ている人が続出しています。筆者もその中の一人です。

リモートビジネスが従来の働き方と大きく異なる点は2つあります。それは場所と時間に束縛されないということです。このビジネスの作業は全てリモートで完結するため、もはや会社の通勤圏内に住む必要はありません。海の見える丘や空気の澄んだ田舎など好きな場所に住むことができます。またリモートビジネスは集客から収益化までの一連の流れをほぼ自動化できるため、決められた時間帯に働く必要がありません。働く時間はあなたが自由に自分の裁量で決めることができます。文字通り、好きなときに好きなことができるようになります。

実はリモートビジネスは今に始まった働き方ではありません。私はすでに16年前から実践しています。今はシンガポールに家族で住んでいますが、今でも海外と日本との間を完全にリモートでビジネスをしています。

当時はこのような言葉はなく「ネット副業」とか「週末起業」などと言われていました。そんな頃からずっとリモートビジネスに携わってきましたので、全てを知り尽くしていると自負しています。

本書ではリモートビジネスの作り方、稼ぎ方の全てを初心者でもわかりやすく解説しました。

ビジネスというと「有名人や専門家でもない私にできるだろうか?」「初心者の私には難しそう」と不安になるかもしれません。でも、ご安心ください。

本書を最後まで読む頃にはこのような不安は一気に吹っ飛ぶはずです。なぜなら全くの無名、一般人、初心者でもこのようなリモートビジネスに取り組む手法を私は今までに3000名以上に指導し、多くの成功者を輩出してきたからです。そして何よりこの私自身が当時全くの無名であり今も芸能人やタレントのような知名度はありませんが、十分な収益をこのリモートビジネスだけで得ているのです。

本書では、そんな私の16年間に及ぶリモートビジネス経験の中で、絶対に抑えておくべきポイントや見込み客ターゲットの絞り方、売れるコンテンツ（商品）の企画方法、セールス導線の設計方法、他にもクレームの対策方法や運営のコツ、売り上げを最大化する方法など、実際にサービスを提供、運営してきたノウハウや実践テクニックを初心者でも作れるようにわかりやすく盛り込みました。

もしあなたがお店や会社など自分で事業を営んでいるのなら、このリモートビジネスの手法を取り入れることで売り上げアップに直結することでしょう。またあなたが会社員であったり専業主婦、フリーターであってもリモートビジネスをはじめることは十分可能です。有名人でなくても専門家でなくても全く問題ありません。大切なことは正しい知識を得て今すぐ行動に移すことです。

ご承知の通り新型コロナウィルスによる世界的パンデミックは、私達の生活を文字通り激変させました。人間同士が接触すること自体が感染リスクになり、今まで通勤していたビジネスマンは自宅での業務を余儀なくさせられました。とにかく「密」を避け、他者と接触せずに生きていかなければならない時代に突入したわけです。

しかしこの「密」を避けなければならない条件が、逆に働き方に劇的な変化をもたらしました。リモート環境とネットインフラの整備により、個人でも手軽にリモートビジネスをすることができるようになったのです。

確かに現実社会では人と人との接触が制限されたかもしれませんが、今の私達はＳＮＳを通じて自由に人と交流することができます。さらに言えばネットの交流はリアルでは決して出会うことのできない人との出会いも可能にします。

「人と物理的に接触できない」環境だからこそ、このリモートビジネスは新しい働き方として大きな可能性を秘めています。

もし今の事業で売り上げが落ちたとしても、リモートビジネスで巻き返し今まで以上に売り上げることは十分可能ですし、仮にこの先会社をクビになってしまったとしてもリモートビジネスで生計を立てることも可能です。

さらに言えばこのリモートビジネスに取り組むことで今までのしがらみ、束縛といった窮屈な人間関係から解放され、あなたが本当に自由になれる絶好のチャンスであると言えるのではないでしょうか。

ぜひ本書の内容が少しでもあなたの新しい人生の契機になってもらえれば幸いです。

Contents 目次

Contents 目次

第4章 オンライン講座を立ち上げよう

Contents 目次

おわりに 235

第1章

リモートでできるビジネスを構築しよう

01 ― リモートにより会社に行く必要はなくなる

本章では、リモートでできるビジネスの概要について、お話ししていきます。リモートビジネスとはどんなもので、一体どういうふうに作っていけばいいのか。このあたりのことをざっくり理解していきましょう。

リモートビジネスとは、どこにいてもお金を生み出してくれるビジネスです。会社に行く必要はなくなり、場所や時間に縛られることなくお金を稼げるようになります。

【新型コロナがもたらした社会構造の変革】

リモートビジネスが脚光浴びるようになった原因としては、ご存知の通り、新型コロナウィルスがもたらした社会構造の変革の影響が大きくあります。

歴史を振り返ってみると、14世紀から15世紀にペストという感染病が世界中で大流行しました。このときは推定5000万人もの死者が出たという記録が残っています。

特に、農業の労働人口が一気に減少してしまいました。それによって、農作物が育てられなくなります。そこで起こったのが、18世紀の産業革命です。

人間がいないなら、機械に働かせるという考え方に変わっていったのです。

これと同じことが、新型コロナウィルスのパンデミックによって起こりました。

社会の構造はガラッと変わり、アフターコロナの社会では、ビジネスシーンでも娯楽でも、人と接触しないことが前提になりつつあります。

自宅で仕事をしたり通販を利用したりと、できるだけ外出せずに、人と会わなくても経済が回るような社会にしていかなきゃいけないねという話になったのです。

それによって、働き方革命が猛スピードで進みました。ただし、これは新型コロナウイルスがきっかけで急に変わったというよりは、今までも社会が変化しようとして環境を準備していたからこそ、リモートワークにスムーズに移行できたという背景があります。

２０２０年のパンデミックによって、消費活動、経済活動、労働環境、そういったものは全てオンライン化されるようになりました。

労働関係だけではなく、趣味や消費活動もリモートで対応できるようになったというのは、非常に大きな変化でしょう。

［インフラの整備がリモートビジネスを作り上げた］

パンデミックが起きたタイミングでスムーズにオンラインに移行できた人が多かった理由は、その前段階として様々なインフラが整っていたからであると言えます。

インターネット回線の高速化

リモートビジネスを可能にしてくれたインフラの中でも、特筆すべきはインターネット回線の高速化でしょう。Ｗｉ-Ｆｉの全国普及と５Ｇの整備によって、膨大なデータを瞬時にダウンロード、そしてアップロードできる環境がほぼ日本中に整いました。

これは、少し前の時代には考えられないことで、こういう環境ができたからこそ、本書で提唱するような新しいビジネスが可能になりました。リモートビジネスを支えるインフラの礎の部分と言えるでしょう。

デバイス（端末）の高機能化・軽量化

携帯電話やパソコンなどのデバイス端末が高機能化されたことや軽量化されたこと、Ｃ

PUの処理速度が飛躍的に向上したことなども、リモートビジネスに取り組みやすくなった理由の一つです。特にスマホは、近年で驚くほどバッテリーの持ちがよくなりました。

データ保存のクラウド化

従来は、パソコンやスマホ本体に写真や書類などのデータを保存していました。これが近年ではガラッと変わり、データはクラウドというインターネット上のハードディスクスペースに保存するのが主流になってきました。

この流れによって、特定の端末に依存することなく、いつでもどこでも保存したデータを使用できるようになりました。

自分のパソコンやスマホ以外の端末でもアカウントが繋がっていればデータは自由に使用できます。全ての活動がインターネット上に完結できるようになったのです。

これは非常に大きな変化で、このクラウド化がなければ、会社のパソコンじゃないと仕事ができないとか、外に出ているときはデータにアクセスできないとかいう事態が起こり、結局はデバイスに依存したビジネス形態になってしまいます。

しかしデータがクラウド化されていれば、自宅のパソコンから会社と同じデータにアクセスしたり、取引先とチャットしたりできるようになります。

クラウドは、場所を選ばないビジネスを作り上げた、大きな功労者でしょう。

オンライン決済システムの普及

決済トランザクションのシステムがオンライン化されたことも、個人がリモートビジネスをしやすくなった要因のひとつです。

ペイパル・ビットウォレット・トランスファーワイズなどの決済システムが普及したことにより、個人間送金のハードルがなくなりました。瞬時に送金されたり、海外送金までもできるようになったのです。個人間の送金がとてつもなく便利になったこと。これは、オンラインビジネスを大きく加速させる要因になりました。

【SNSの普及により個人の生活が見られるようになる】

そしてもうひとつ、大きな変化がありました。ＳＮＳの普及です。ＳＮＳとは、Social Networking Service（ソーシャル・ネットワーキング・サービス）の略で、インターネットを使い人との交流や繋がりを目的としたサービスです。

ＳＮＳの普及によって、個人の生活が遠隔から相互に確認できるようになりました。遠く離れた場所にいる友達の生活を、リアルタイムで確認したり、コメントなどで反応したりすることができるようになったのです。

ＳＮＳの歴史は意外に長く、過去にはｍｉｘｉなどのＳＮＳが流行したことは記憶に新しいでしょう。様々なＳＮＳが生まれては消えていきましたが、ことビジネスに限定すると、一番大きな変化を生んだのはフェイスブックの登場でしょう。フェイスブックの登場によって、これまでハンドルネームやアバターを使って仮想の世界を楽しんでいた人たちが、ネット上で顔を出し、本名を名乗るようになりました。そして、それを基本としてネット上で活動するようになったのです。

これは非常に大きな変化で、これによっていわゆるネット友達ではない「リアルな友達」や家族など、身近な人たちともＳＮＳ上で交流するようになりました。

直接会わなくても、いつでもネット上で情報交換ができるようになったのです。実家にいる家族や遠距離恋愛をしている恋人、地方に就職した友達……これまで知り得なかった遠くにいる人の生活をＳＮＳを通じて把握できるようになったということです。

SNSにより、距離は無効化された

物理的に遠くにいる個人の生活が見られるようになったことによって、「距離」と言う概念は無効になりました。

これは実際に親しい間柄だけで起こることではなく、いわゆる芸能人や有名人との距離も短縮されました。これまでは、テレビや雑誌でしか見られなかったタレントや芸能人、著名人の活動がSNSによって入手可能になり、様々な情報を知ることができます。リアルタイムで何をしているか、何を考えているのか、何を食べているのか、そういったことまでわかるようになったのです。SNSは、個人の生活が見られるだけなく、有名人とのコンタクトすら可能にしました。有名人のSNSにコメントを残したり、ダイレクトメッセージを送ったりすることもできます。そしてSNSでは、自分が有名人になることも可能です。友達の多さやフォロワー人数が、人気のバロメーターとして見える化されることになったということは、逆に言えば、フォロワー人数が多い人は有名人になれるのです。

自分は、有名人を見ている側の人間だと思い込んでいませんか？　そんなことはありません。いつ、どのタイミングであなたが有名人になるかわかりません。それがSNSの力なのです。

SNSを集客に活用するビジネス「リモートビジネス」とは

本書で提唱する「リモートビジネス」はこれまで説明したインフラ、特にSNSを使いこなして収益を上げるビジネスです。

SNSの「影響力が数値化される」という特徴を逆手にとって、一般人でも有名人に匹敵するような影響力を持つことができます。実際にそんな人が、もう続々と出てきています。SNSを活用して個人でブランディングをすることで、ファンを獲得していく。ファンがついたら、そのファンに向けてサービスを展開して提供する。

これが、「リモートビジネス」です。リモートビジネスは、社会の劇的な変化や影響によって生まれた新しいビジネスです。

ネットインフラ、デバイス、クラウド化、オンライン決済、SNS……こういった社会インフラと人々の価値観の変化が全部揃って生まれた新しいビジネスですから、誰にでもチャンスがあります。

SNSで作る個人の影響力を使って、コアなファンを作りましょう。影響力を活用し、収益化することは難しくありません。その方法を本書で解説していきます。

02 ― 個人の情報発信が価値を生む時代

【個人の投稿が広告として機能する】

ＳＮＳ時代では、個人の情報発信が価値を生みます。なぜなら、個人の投稿自体が広告として機能しているからです。そもそも広告とは、「広く世間に知らせること。商品などを広く知らせ、人の関心を引きつけること」を意味します。そして、これらを行う広告は、本来費用がかかるものでした。テレビコマーシャルや雑誌、新聞など様々な広告がありますが、どれもけして安くない費用がかかることは、あなたもご存知でしょう。

しかしながら、「拡散」の機能を持つＳＮＳでは、お金をかけずに発信を広く世間に知らせることができます。

つまり、個人の投稿が広告として機能するということです。ここが一番のＳＮＳがビジネスになるポイントです。

ＳＮＳには「いいね」やシェアの機能があり、自分の投稿が拡散しやすい仕組みになっています。自分の投稿を第三者に知らせやすい構造なので、自分とは直接的なフォロワー関係にない人にもどんどん広がっていきます。フォロワーの友達がさらに友達に、さらにフォロワーにと、無限に広がっていく可能性があるのです。

この広がりがＳＮＳの最大の特徴で、例えばブログやホームページなどの他のネットメディアとの大きな違いです。

ブログは、毎日のアクセス数だけしか広がりを持ちませんし、ホームページも同様です。拡散はＳＮＳだけの大きな特徴になります。

【万能なプロよりも偏ったオタクを見たい】

拡散されるのは有名人だけと思っているかもしれませんが、そんなことはありません。誰もが拡散される人になる可能性があります。

なぜなら、ＳＮＳでは幅広い知識を持つプロよりも、１つに偏ったオタクの投稿が重宝される傾向があるからです。

当たり障りのない意見はいらない、興味がない。そんな世界がＳＮＳなのです。毒にも薬にもならないような意見よりも、もっとニッチな情報発信をしている尖ったオタクや変わり者、マニアックな人の投稿が求められています。

ＳＮＳは基本的に利害関係がない繋がりになっているという特性上、その人の発信を純粋な目で見てくれます。特に、普通の個人の発信には芸能人やマスコミの発信のようにスポンサーへの忖度がないので、いいものはいい、悪いものは悪いと正直に発信してくれそうだという信頼性を感じてもらいやすいという特徴があります。これはある意味、広告の価値としては、一般人のオタクの方が影響力を持つ時代になってきたということなのです。

【一般人が有名になる事例】

ネット上で影響力を持つ人のことをインフルエンサーと呼びます。語源は「ｉｎｆｌｕｅｎｃｅ」、影響力という意味から来ています。ここで、一般人がＳＮＳで有名人になった事例を少し見てみましょう。

ワタナベカズマサさんは、家電製品レビューユーチューバーです。チャンネル登録者数は12万人を超えています。こんなにたくさんの登録者数を抱えている彼が、例えば何か商品を紹介したら、凄まじい広告効果があることは想像に容易いでしょう。

ＧｈｉｂＯｊｉｓａｎさんはシンガポールの情報を発信している方です。チャンネル登録者数は17万人もいます。コアラ小嵐さんは、ボディーメイクの情報発信をしている方で、この方も24万人の登録者数がいます。彼らは数年前まではただの一般人でした。しかし、自分の大好きな趣味をオタクのように突き詰めた結果、これだけのファンを獲得したのです(※注)。

インスタグラムにも、ニッチなジャンルで有名になった方が多くいます。例えば料理系インスタグラマーのもしかしてえみ(@emix0120)さんは８・６万人のフォロワー、ダイエットの情報発信をしている渋谷ゆり(@shibuya_yuri)さんには１１６万人のフォロワーがいます。

もっとニッチなジャンルで言えば、グルメの中でも肉、さらに牛肉だけに特化してお店を紹介する東京肉レポート(@tokyo_wagyu_report)さんには、６・７万人のフォロワーがいます。

ＳＮＳでは、ニッチなジャンルほど濃いファンがつきます。ニッチなジャンルに特化したアカウントを作れば、これから参入してもまだまだ勝ち目がある世界になっています。

【インフルエンサーになるメリットとデメリット】

成功例ばかり見ていると、インフルエンサーになればいいことずくしに見えますが、インフルエンサーにもメリットとデメリットがあります。

メリットはもちろん、好きなことをしながら収入を得られることや、共通の価値感を持つファンと交流できることです。

自分の価値感に共感してもらったり、それによって収益が出たりすることはとても魅力的に思えますが、一方で影響力を持てば持つほど、発言に責任を持たねばならなくなります。ちょっとしたコメントが炎上したり批判されたりする場合もありますし、フォロワーが増えれば増えるほど、情報漏洩のリスクも出てきます。

とはいえ、デメリットよりも圧倒的にメリットの方が大きいのは確かです。

インフルエンサーになれば、1回の投稿で数百万円、場合によっては数千万円もの大金が入ってくることもあります。インフルエンサーになれば、ビジネスの広がりは青天井です。あなたもリモートビジネスをやる以上、インフルエンサーを目指してどんどん発信していきましょう。

※注

ワタナベカズマサさん

https://www.youtube.com/channel/UC8UXXTaoP6Xf-zGRLf0R46w/

Ghib Ojisan さん

https://www.youtube.com/channel/UCJfm-feI6sSoaDwFx_viN1g

コアラ小嵐さん

https://www.youtube.com/channel/UCM3Eo_7bq7Z1EuksMgs5jCA

03 ― リモートできるビジネスとは

[SNSで情報発信しながらオンラインでサービス提供する]

本書のテーマである「リモートビジネス」の方法について、具体的に解説していきます。リモートビジネスにはいくつかの方法がありますが、基本的なスキームは、SNSで情報発信しながら、オンラインでサービス提供をして収益をあげるという形になります。

オンラインで提供するサービスとは、その名の通り、対面ではなくオンライン上でお客様に価値を提供して代金をいただくビジネスのことです。例えば、個別コンサルティングやコーチングがあります。ZOOMやスカイプ、LINE電話などを使って、直接通話しながらアドバイスを行い、その対価として代金をいただきます。

コンサルティングなどはお客様と1対1で行うビジネスですが、リモートビジネスは1対1の形だけではありません。複数人に対して同時にサービスを提供する場合もあります。複数の人に同時にサービスを提供する例には、オンラインサロンがあります。フェイスブックグループやＬＩＮＥのオープンチャットを使って、限定されたコミュニティを提供し、その対価として代金をいただきます。

他にも、情報そのものを販売するビジネスもあります。電子書籍を販売したり、ｎｏｔｅ（https://note.com/）で有料記事を販売して、収益をあげる方法などです。

販売するものはアイデア次第で様々ですが、これらのオンライン上のサービスをＳＮＳを通じて獲得したファンに購入してもらうビジネスがリモートビジネスになります。

リモートビジネスでは、ファン獲得からサービスの構築、宣伝、決済まで全てがオンライン上で行えます。さらにオンラインなので商圏は限定されず、日本全国、場合によっては全世界に向けたビジネスが可能です。

このように、工夫次第でどこまでもビジネスチャンスが広がっていて、自宅でも旅行先でも、早朝でも夜中でも、いつでもどこでも自由に働くことができる新しい働き方が「リモートビジネス」なのです。

【SNSを使う際の必須ツールを覚えよう】

SNSに本気で取り組むのがはじめてという人も多いでしょう。ここからは、リモートビジネスでSNSを行う際に必須のツールを紹介します。

まずは、スマホにフェイスブック、ツイッター、インスタグラムなどのSNSアプリをインストールしておきましょう。複数台のスマホやタブレットを持っているなら、全ての端末にインストールして、どこからでもアクセスできるようにしておきます。

次に用意して欲しいのはカメラアプリです。SNSでは、写真が非常に大きな役割を持ちます。同じ写真でも、専用のカメラアプリを使うのと使わないのとでは、写真のクオリティが大きく変わります。写真は必ず専用のアプリで撮影するようにしてください。

景色や食事を綺麗に撮影できるおすすめのカメラアプリは「Foodie」です。人物をきれいに撮影するためにおすすめなのは「BeautyCam-B612」というアプリです。肌を綺麗に見せる機能などがあり、自撮りの際にも役立ちます。

特にインスタグラムにその傾向が強くあるのですが、SNSでは綺麗な写真をアップすることがフォロワーの増加に直結します。一手間かかってしまいますが、写真を撮影するときには専用のカメラアプリを使うようにしましょう。

[フェイスブック・ツイッター・インスタグラムの特徴とは]

取り扱うテーマやジャンルによって、相性がいいSNSが違ってきます。リモートビジネスにおいて三大SNSであるフェイスブック・ツイッター・インスタグラムの特色を知り、自分のビジネスに合ったSNSはどれかを考えてみましょう。

フェイスブック

フェイスブックは月間アクティブ利用者数26億人の、世界最大のSNSです。

フェイスブックには、本名と顔写真を登録するという利用規約があります。つまり、フェイスブックはリアルな人間関係と交流を取りやすいSNSなのです。

さらに、フェイスブックにはお互い実名を使っているため、炎上やクレームが起こりにくいという特徴があります。匿名ではないので、悪意のあるコメントを送りにくいのです。

そういった比較的平和な環境で世界中に向けて情報を発信できる点が、フェイスブックの魅力でしょう。

またフェイスブックにはコミュニティ作りが簡単という特徴があります。グループ機能で特定のユーザーだけに向けて発信したり、囲い込んでコミュニティを作ったりなどができます。

注意点としては、プライバシーには十分気をつける必要があるということです。フェイスブックは本名などの個人情報と連携するＳＮＳなので、一線を超えた情報を発信してしまうと、すぐに自宅の住所などが特定されてしまいます。

住所をそのまま投稿する人はいないと思いますが、道路標識などの小さな情報から住所までバレてしまうこともあります。特定されるような情報は出さないように気をつけましょう。

ツイッター

ツイッターは非常にシンプルで、もっとも手間のかからないＳＮＳです。１投稿の上限は１４０文字で、ツイッターでは投稿することを「つぶやく」と言います。ちなみに、ツイートとは「さえずり」という意味です。

ツイッターの月間国内利用者数は約4000万人。ツイッターの特徴は、1日に何回も投稿する人が多いことです。フェイスブックは1日1投稿、多くても2投稿ぐらいが普通ですが、ツイッターには1日のうちに何十と投稿する人も多くいます。それには、リツイートという機能があることも関係します。

例えばニュースのツイートを見て、その投稿に自分の感想をつけた形でリツイートすれば、これで1つの投稿になるので、非常に手軽に投稿を量産できるのです。

ツイッターは拡散するパワーがフェイスブックよりもはるかに大きく、これはつまり、広告としてSNSを活用しようとした場合に、重要な役割を持つSNSだということです。

ツイッターを使いこなして、拡散力を手に入れれば、かなりの広告効果を手に入れたことになるでしょう。

SNSで有名人になる場合も、ツイッターから広がることが多いです。ツイッターは匿名で手軽にはじめられる一方、ユーザーのほとんどが匿名なので、クレームや炎上が起こりやすい側面もあります。

インスタグラム

インスタグラムは写真がメインのSNSです。月間利用者数は約3300万人で、複数アカウントを取得できるのが特色です。フェイスブックの場合、1つしかアカウントを作れませんが、インスタグラムの場合は複数アカウントの取得を公式で認めています。

インスタグラムといえば、なんと言っても＃（ハッシュタグ）機能でしょう。例えば、「＃シンガポール」というハッシュタグで検索すると、このハッシュタグをつけた投稿だけが抽出されます。

インスタグラムのユーザーはハッシュタグを見て、お気に入りの投稿を探し、フォローしたり、いいねしたり、コメントをしたりします。インスタグラム独特のおもしろい文化です。

インスタグラムは収益案件、つまり企業案件が多いのも特徴です。ある程度のフォロワーがいるインスタグラマーには企業から「この商品を紹介してくれませんか？」というようなオファーが届くことがよくあります。

あなたも有名インスタグラマーが、シャンプーやサプリメントや服などを紹介しているのを見たことがあるでしょう。こういう案件では、「1件紹介するごとに○円」のように報酬が決まっています。一般的にフォロワー数が多い方が報酬を多くもらえる仕組みです。

ちなみに、インスタグラムはフェイスブックと系列会社なので、連動しやすいという特徴もあります。

三大ＳＮＳの概要は理解していただけたでしょうか。次からは実際にどうやってビジネスに生かしていくのかを解説していきます。

04 ジャンル選びのポイントは「ニッチなスモールビジネス」

【ニッチジャンルでファン化させる】

スモールビジネスのテーマは、ニッチなテーマを選ぶことをおすすめします。できるだけニッチで、できるだけ細分化したテーマを考えましょう。

例えば「料理」というジャンルを選択した場合は、これを細分化してキャラ弁に特化するだとか、時短飯に特化するだとか、そういうふうに、できるだけジャンルを細分化して考えていきます。その上で、「時短飯の有名人」になっていく。これがリモートビジネスのジャンル選びの考え方です。料理の専門家に今からなるのは難しいかもしれませんが、「このキャラクターのキャラ弁と言えばこの人」というポジションになら、なれる気がしませんか？　釣りなら釣り全般ではなく磯釣り、中華料理全般ではなくチャーハンだけとか。そういった形で、偏った強いこだわりを持ってＳＮＳで投稿していけば、同じような人から愛されるようになります。

もちろん、ニッチであればいいというわけではありません。前提として好きなジャンル、自分が強いこだわりを持てるジャンルにしましょう。あなた自身が偏った強いこだわりを持てるジャンルだからこそ、コアなファンがついてくるのです。

【個性あふれる投稿をして差別化する】

あなただけのジャンルについて、SNSで専門的な投稿をしていきましょう。とはいえ、そのジャンルについてだけだと、やはりネタが切れることもありますし、何より投稿の幅が広がりません。個性を出すために、時々はプライベートを出した投稿も織り交ぜることで、あなたにより興味を持ってもらえます。例えば家族と一緒に出掛けた際の一場面やお気に入りのランチの写真など、時々はプライベートを紹介すると個性あふれる投稿になっていきます。

もちろん個人情報の公開はNGです。プライバシーに関わるようなことは、投稿しないようにしましょう。コアなファンがつくということは、一方でアンチがつくということですから、プライバシーには十分に気をつけてください。

【交流を通じてエンゲージメント率を高める】

ＳＮＳには「エンゲージメント率」という概念があります。エンゲージメント率を簡単に言えば、交流密度みたいなものです。ＳＮＳが独自に数値化している概念で、どれだけ交流をしているか、レスポンスがあるか、濃い繋がりがあるかなどを測る指標になっています。このエンゲージメント率が高くなればなるほど、フォロワー以外の多様な人たち（オーディエンス）に露出されやすくなります。よりファンがつきやすい、もしくは広告として、より露出が拡散されやすいアカウントになるためには、エンゲージメント率の向上は必須です。

エンゲージメント率を高めるための行動は次のようになります。

エンゲージメント向上法① コメントやいいねで交流を深める

まずは、フォロワーや友達だけでなくそれ以外の人とも、ＳＮＳで積極的に交流していきましょう。具体的には、いいねを押したり、コメントをつけたりする行動です。気に入った投稿があれば、自分のタイムラインでシェアするのもよいでしょう。そのときは感想をつけることをおすすめします。シェアされると、シェアされた人はそれに気づく仕組みになっているので、必ず自分の投稿を見に来てくれます。コメントが書いてあったら。その人がさらにシェアしてくれることも多いでしょう。「ありがとう」というコメントをしてくれる場合もあります。

シェア元の人たちのファンが、自分の投稿に流れてくる場合もあるので、シェアは積極的にしていくことをおすすめします。

自分の投稿にコメントをもらった場合は、タイムライン上でコメント返信するとよいでしょう。さらにコメント返ししてもらえたら、コミュニケーションのキャッチボールの回数が増えます。

こういったことでエンゲージメント率はどんどん高くなっていきますから、ぜひ積極的に交流してください。

ちなみに、コメントはタイムラインに届くだけではありません。ダイレクトメッセージやフェイスブックメッセンジャーで当事者にしか見えないやりとりを送ってくる人もいます。

ですが、エンゲージメント率を上げようと思ったら、できるだけ公開のタイムラインでコメントのやりとりをした方がいいでしょう。例えば質問を受けつけるときもダイレクトメッセージではなくタイムライン上で募集して、質問も答えもフォロワーにシェアするようにしましょう。

エンゲージメント率以外にも公開にするメリットはあります。クレームやトラブルがあったときに、第三者の目がある方が冷静に解決できます。個人情報のやりとりなどの特別な場合をのぞき、ファンの人との交流はオープンな場所でやりとりをするようにしてください。

エンゲージメント向上法② 露出しやすい投稿をする

「シェアされる投稿」を意識してSNSをすることでアカウントが大きくなっていきます。シェアされる投稿とは、共感の持てる投稿だったり、読んだ人がためになったなあと思えるような投稿です。これらを積極的にすることで、多くの人にシェアしてもらえます。

SNSを広告媒体として使うためには、シェアが必須です。そうでなければ、たくさんの人々の目に触れることができず、広告効果を期待できないからです。

共感を持って「なるほどな」と思ってもらったり、場合によっては問題提起があったり、そういった投稿をして、シェアされるような形を目指しましょう。

エンゲージメント向上法③ 特定の人が集まるグループや専用ページを作る

少し変わった露出を高める方法として、特定の人が集まるグループや専用ページを作るという方法があります。

共通の趣味で交流できる場所を作ったり、あとは無料のコミュニティのページを作ってそこで情報共有をしていけば、「このグループがおもしろいよ」「このページがおもしろいよ」というようにシェアされていきます。

グループに人が増えれば増えるほど拡散されていくので、成功すれば費用対効果が高い方法になります。

05 ─ リモートビジネスで用意するもの

【インターネット回線・スマホ・パソコン】

リモートビジネスで必要なアイテムは大きく分けて3つだけです。まずはインターネット回線、そしてスマホとパソコンです。

自宅にはWi-Fiを必ず導入する

インターネット回線に関しては、Wi-Fi環境が必須です。もちろん光回線にしてください。家の中に電波が入りにくい場所がある場合は、Wi-Fiの電波を強化するルーターの導入などを検討してください。リモートビジネスではとにかく回線が命です。ここはケチらないで導入しましょう。

スマホ

もしガラケーを使っている方がいたら、すぐにスマホに変更してください。リモートビジネスでは大半がスマホから仕事に取り組むことになります。スマホ8割・パソコン2割くらいの比率です。スマホは、iPhoneでもAndroidでもどちらでもかまいませんが、できるだけ新しい機種を使うようにしてください。これは結構大事なことで、ご存知の通り、スマホは日々進化しているので、数年で見違えるほど機能が向上します。容量が増えたり、CPUがよくなったり、メモリが増えたりと、新しいスマホを使うことで、よりよい仕事環境を手に入れられるので、生産性を高めるためにできるだけ新しいスマホを使うようにしましょう。

ちなみにタブレットはスマホの代わりにはなりません。パソコンの補助的な役割で使う分にはいいですが、タブレットをメインマシンにするのは難しいと考えましょう。

パソコン

パソコンはデスクトップでもノートパソコンでもどちらでも同じ作業ができますが、せっかくリモートビジネスを行っているなら、いつでもどこでも自宅以外からでも気軽に作業したいものです。こういうことを意識すると、やはりノートパソコンの方がいいのかなと個人的には思います。

ノートパソコンの画面が小さく感じる場合は、外部モニターを使うなどの方法もおすすめです。パソコンはＭａｃ、Ｗｉｎｄｏｗｓの差はありません。ただし、常にＯＳを最新の状態にして、セキュリティを更新してください。ＯＳを最新にしていないと、どんどん不具合が出てくるので、こまめに確認するようにしましょう。

【リモートビジネスで必要なアプリ】

ネット環境とデバイスが用意できたら、次にスマホとパソコンにインストールしておくアプリと作成しておくべきアカウントを紹介します。

次ページからリモートビジネスで必要なアプリなどをいくつか紹介するので、これらが現状まだ必要になっていなくても、先にインストールしておいてください。

グーグルアカウント

グーグルアカウントはＧｍａｉｌやグーグルドライブなどのグーグルが提供しているサービスを使う際に必要なアカウントです。アカウントは全部無料で作れ、アカウントを持つことでこれらのサービスも無料で使えます。

グーグルのサービスはクラウド保存されるものばかりなので、グーグルアカウントを持っていれば、どの端末からでも同じデータやサービスにアクセスすることができます。

ZOOM

ビデオチャットアプリ「ＺＯＯＭ（ズーム）」は必須アプリです。お客様との交流やビジネスパートナーとの打ち合わせなど、様々な場面で多用することになります。

録画機能を使えば、対談風景をユーチューブなどにアップしたり、ＳＮＳに公開したり、ビジネスコンテンツとして提供したりするなどの使い方も可能です。ＺＯＯＭアプリはスマホとパソコン両方に入れておきましょう。

私も現在はほとんどの業務をＺＯＯＭで行っています。スカイプを使っていた時期もあるのですが、ＺＯＯＭの方が軽くて使いやすいので現状はＺＯＯＭをメインに使っています。ＺＯＯＭはセキュリティ対策にも積極的に取り組んでくれているので、お客様とのやりとりにも安心して使用できます。

LINE

ＬＩＮＥはすでにほとんどの人が使用していると思いますが、通常の連絡用の使い方以外にも、ビジネスで使うための便利な機能があります。

公式アカウントを作って集客したり、オープンチャットを作ってコミュニティを運営したりと、リモートビジネスにはＬＩＮＥの利用が不可欠です。

チャットワーク

チャットワークは、チャットを行うためのアプリです。

お客様とのやりとりやビジネスパートナーとのやりとりに使う場合が多いでしょう。今後コンサルティングやコーチングなどのサービスをオンラインで展開する場合は、チャットワークを多用するはずです。チャットワークでは、チャットの履歴と過去の添付ファイルが全て残ります。ＬＩＮＥなどでは添付ファイルは一定期間で消えてしまいますが、チヤットワークはずっと残るので使いやすいツールになっています。

もちろん、スマホとパソコン両方からログインできるので、やりとりを見逃しません。

以上がリモートビジネスの必須のアプリやサービスです。逆に言えば、これ以外にはほとんど使う場面はないかもしれません。

メールもグーグルアカウントを作っていればＧｍａｉｌを使えるし、文書作成もグーグルドキュメントで行えます。グーグルはＧｍａｉｌを基軸として様々なサービス展開をしているので、ビジネスに必要なツールをほとんどまかなえてしまうのです。

06 ─ リモートビジネスをはじめる手順

【リモートビジネスで何を売るのか?】

リモートビジネスに必要なアプリや機材が揃ったら、いよいよリモートビジネスの開始です。本節では、リモートビジネスをはじめる手順について解説します。

まずは、リモートビジネスで何を売るかを考えましょう。考え方は大きく分けて2つあります。「経験を売る」もしくは「環境を売る」です。

経験を売る

自分の成功体験や得意なことなど、人より優っている部分を売る考え方です。それを知りたい人に対して、コンサルティングしたりコーチングしたりするビジネスが考えられると思います。

成功体験やノウハウをまとめて電子書籍などの形で販売したり、動画講座にして販売するなどの形もあります。これが「経験を売る」という考え方です。

環境を売る

「環境」とはオンラインサロンに代表されるような、実践環境や情報共有できる環境、メンバー同士の交流環境を提供する考え方です。自分自身のノウハウを提供する考え方ではなく、みんなの学びの場、いわゆる箱を提供することがビジネスとして成り立つのです。

環境を売る代表的なやり方としては、コミュニティを作って参加者を募り、参加者から会費などをもらって運営するという方法があります。この方法には、継続的に収益を得られるというメリットがあります。

大きく分けると、リモートビジネスのパターンはこの2つのどちらかになるのですが、どちらかを選ぶ必要はありません。例えば、自分の成功体験からノウハウのコンサルを販売した人が、次はオンラインサロンを展開することもあるでしょう。

リモートビジネスのおもしろいところは、自分が成功者になっている分野でなくても成立することです。例えば私は料理が下手なのですが、もし私が最高の料理の先生を連れてくることができれば、料理サロンを作ることができます。最高の先生が教える料理サロンという環境を売ることができるというわけです。

このように、リモートビジネスで売るものは自分の経験だけの枠に囚われません。なので、リモートビジネスの商材を考えるときは、広い視野でビジネスを考えて欲しいと思います。

【ユーザーが求めている趣味と環境のニーズを提供する】

自分の中で自信のある分野でリモートビジネスをはじめても、その体験がお客様に求められていなければ、価値は生まれません。

お客様が求めていることを探すのも大事ですが、お客様の望みをこちら側が作ってあげる、可視化してあげるという作業も大事です。

あなたの提供するサービスを購入した結果やゴールはどこなのか、どういうふうに変われるのかということを明確にイメージさせてあげましょう。

オンラインサロンなどの環境を売る場合は、サロンでできること、サロンに入ったらどうなるかのイメージを想像させるのが大事です。そして、このようなイメージを持ちやすくするために、ＳＮＳで情報を提供していきましょう。

場所を提供する場合は、参加者同士の繋がりも考えてあげないといけません。同じ目的をもった仲間なのですから、横の繋がりを濃くすることで、お客様同士で価値を作っていくことができます。フェイスブックグループやＬＩＮＥのオープンチャットを使い、メンバーが発信できて活躍できる場所を作ってあげましょう。スキルアップできる環境とそれを発表できる環境の両方を提供していくことが大事です。

フェイスブックグループとＬＩＮＥオープンチャットの使い分けには、多少注意が必要です。参加者の属性などを考慮して慎重に考えてください。フェイスブックは実名での交流がメインになので、信頼関係のあるメンバー同士が交流を持つのはいいのですが、まれに怪しげな勧誘などが来てしまう場合があります。

ＬＩＮＥのオープンチャットは匿名でできるので、知らない人に個人情報を見られるというリスクは減ります。その一方で、匿名だからこそ言葉が過ぎる人も出てきてしまうので、炎上するリスクはフェイスブックよりも高いです。ただし、ＬＩＮＥオープンチャットでは個別の連絡ができない仕様になっているので、メンバー同士のトラブルは防げます。

環境を提供するときは、自分の持っているコミュニティのメンバー属性を考えて、相性がいいものを選ぶ必要があるでしょう。他にも、ＬＩＮＥのビジネスアカウントやメールマガジンを使って、運営者と参加者を一方通行に繋ぐコミュニケーションをとることもできます。こちらが、一方的に配信する形です。

メンバー同士が繋がらないコミュニティーなら、炎上や目に見える形のクレームは起こりませんが、一方でメンバー同士の交流がないので盛り上がりに欠けます。

基本的には、参加者同士での交流の場と運営者からの一方的な配信の、どちらもあった方が喜ばれます。内容によって、最適な場所を選んで発信しましょう。

07 ― リモートビジネスの売上を最大化させる

【SNSは連携させることでレバレッジが効く】

本節では、リモートビジネスの売り上げを最大化する方法について考えていきます。

リモートビジネスでは複数のSNSを運用するのが一般的です。SNSを効率よく運営しないと、膨大な時間をSNSに捧げることになってしまいます。

インスタグラムに投稿して、次にツイッターに投稿して、次にフェイスブックに投稿をして……とずっとSNSに張り付くことになってしまうので、連携できるところは連携して、作業を効率化していきましょう。

ツイッターに投稿した内容を、今度はフェイスブックでシェアしたり、インスタグラムへ投稿した内容をフェイスブックに上げたりするなどの形で投稿を効率よく使うことで手間を省けます。いわゆるレバレッジが効いた状態になるのです。

投稿はSNSの特色に合わせて行う

ＳＮＳの効率化には2種類のパターンがあります。ＳＮＳを連携するアプリを使う方法と、単純に同じ写真や同じ文章を複数のＳＮＳにコピペで貼っていく方法です。

便利なのは、連携アプリの活用です。１つの投稿を複数のＳＮＳに同時に流すことができます。ただし、こちらは少し注意が必要です。なぜならＳＮＳによってユーザーが求めるものが少しずつ違うからです。

例えば、インスタグラムで喜ばれる写真とフェイスブックで喜ばれる写真は少し違います。少し手間にはなりますが、フェイスブックに投稿した内容をコピペして、インスタグラムでは少し違ったふうに見せるとか、ツイッターでは文章だけにするとか、そういった少しのチューニングをした方が「いいね」は増えやすくなります。

インスタグラムは綺麗な写真などのビジュアル的に素晴らしい投稿を見たい人が多いですし、ツイッターは情報通な人が多いです。ニュースや速報、おもしろネタも食いつきがいいでしょう。できるだけ多くのＳＮＳを連携させた上で、少しのチューニングを加えることで、広告効果の最大化を狙うのがよいやり方になります。

特に中年の男性は、インスタグラムを苦手に感じる人も多いですが、ＳＮＳの特色を勉強するためにも頑張ってはじめてみてください。先述したインスタ映えする写真が撮れるアプリを使って、どんどん写真を撮影しましょう。ユーチューブで綺麗な写真の撮り方の講座などもたくさんアップされているのでそういったものを見て勉強するのもいいと思います。

少しの工夫やチューニングで「いいね」の数が全然変わってくるので、これがよいモチベーションになり、頑張れるはずです。

[クロスセルとバックエンド戦略について]

リモートビジネスを行う上で、「クロスセル」と「バックエンド」の戦略は非常に大事な概念になります。しっかりと覚えてください。

クロスセルとは

クロスセルとは、購入者もしくは未購入者に、類似商品を紹介することを指します。要は「クロスさせる」手法です。

購入者に「これはどうですか?」といろんな商品をあてがうのですが、このとき、類似商品を勧める点がクロスセルのポイントになります。

アップセルとダウンセル

クロスセルにはさらに2種類に分かれます。「アップセル」と「ダウンセル」です。最初の商品よりも高い高額の商品を紹介するのがアップセルで、安価の商品を紹介するのがダウンセルです。

最初の商品を購入した人にはより高額な商品を提供するアップセルが有効で、購入しなかった人には紹介した商品よりも安い商品の紹介、つまりダウンセルが効果的だと言われています。

バックエンド戦略

バックエンドは、簡単に言えば「バックに控えてる商品」という意味です。購入してくれた人に、さらに上位のモデル、上位の商品を提案することを指します。

例えば、ゴルフクラブを買ってくれたお客様に「このドライバーはさらに飛びますよ」

とさらに高額のモデルを紹介する方法です。

リモートビジネスでは、必ずバックエンドを用意しておくようにしましょう。「さらに頑張りたい」「時間を短縮させたい」といった悩みは絶対にあります。その人たちに、時間を短縮させるツールや、より専門的な教材を提案してみると、「せっかくやるんだったら、それをやろう！　もっとガッツリやろう！」とバックエンド商品を購入してくれます。

購入者の要望を解決できるバックエンド商品をきちんと作っておくことで、お客様を満足させると同時に収益も上がります。

【リモートセールスの注意点】

リモートビジネスのセールスには絶対に守ってもらいたい注意点があります。それは、けして売り込んではいけないということです。

目の前にお客様がいないリモートビジネスで強引な手法でセールスすると、お客様はすぐに離脱してしまいます。

強引な売り込みはせずに、商品やサービスの魅力を伝えて、これを手に入れることであなたにどんなメリットがあるのか、何が変わるのか、どういう未来が待っているのか。そのようなことをきちんと伝えて提案することで、購入してもらいましょう。

【商品ではなく人が中心】

リモートでのセールスは、商品ではなく人が中心になります。ここで言う「人」とは、つまりあなたです。あなたがどんなジャンルでリモートビジネスをはじめたとしても、人中心の商品展開が基本になっていきます。セールスするときはその商品のスペックや性能よりも、開発者のストーリー背景、あなたがどんな考えでこの商品を作ったのか、このサロンを作ったのか。そういったことを伝えるのが大事になります。

商品よりも、人物をメインに伝えていくことがポイントです。そうすることによって、商品にも深みが出てきます。そして、主役はお客様自身であることも忘れないでください。これは矛盾するように聞こえるかもしれませんが、あなたが商品を提供したとしても、この商品を使って変化するのはお客様の方です。

だから、「やるのはあなたですよ」「主役は参加しているあなたですよ」「学ぶのは、あなたですよ」と伝えてあげてください。

お客様が主役であるということを自覚すると、自発的に行動する人が購入してくれます。

そうすると必然的にクレームも減り、コミュニティも盛り上がり、コンサルティングもオンライン講座も成果が出やすくなります。

その成果がまた新しいお客様を呼んでくれたり、盛り上りを運んでくれるでしょう。

リモートセールスでは売り込まない、商品よりも人物を売る、お客様が主役のセールスにする、この3つを忘れないでください。

第2章

オンラインセールスの流れ

01 ― オンラインセールスに必要なもの

［セールスレターを作る］

当たり前ですが、誰かに買ってもらわないとリモートビジネスの収益は発生しません。リモートビジネスはセールスもオンライン上で行います。オンラインで人に何かを買ってもらうためには様々な工夫が必要です。

対面ではなく、パソコンモニターを通じたセールスには一体どんなものが必要なのでしょうか。オンラインセールスを成功させるために必要なパーツを知っておきましょう。

セールスレターとは

オンラインでのセールスには必要不可欠な存在が「セールスレター」です。セールスレターとは、サービス内容を明記した1枚の長いＷｅｂページのことです。

名前は知らなくても、インターネットで買い物をしたことがある人ならどこかで一度は目にしているはずでしょう。例えば楽天の商品ページで、とても長いページを見たことがあると思います。これもセールスレターの一種です。

セールスレターの特徴は1ページで完結するところです。「金額はこちらのページで確認」「この商品のメリットはこちらのページで確認」のように数ページのサイトのような作りで説明するのではなく、1ページに全ての情報を詰め込みます。これにはもちろん意味があって、お客様がセールスレターのページに来たら、最初から最後まで全部読んでもらうためです。リンクでいろいろとあちらこちらに飛ばすような作りにはなっていないので、上から下まで、順序通りに集中して読んでもらえるようになっています。リンクで他のページに目移りするルートはなく、購入するか離脱するか、この2択しかない状態にすることによって、購入率を最大限まで高められるのが、セールスレターなのです。

ちなみに、オンライン上でものを売る際には、必ず表記しなければいけない情報があります。特定商取引法の表示・プライバシーポリシー・氏名住所連絡先などの販売者情報などです。これらのルールは厳守しましょう。

手軽にセールスレターが作成できるサービス

セールスレターは業者に発注するとかなりの高額になりますが、自分で手軽に作れるサービスがあるので、これを使って自分で作ることをおすすめします。「サイポン」というサービスは無料でセールスレターを作れるサイトです。プログラミングの知識がなくても手軽な操作でセールスレターを作成できます。

セールスレターに必須な決済システムとも簡単に連携できたり、お客様にメールを送ることができるメール配信システムと連動できたりと、

サイポン　https://saipon.jp/

オンラインセールスに便利な機能がとても使いやすくなっています。

［決済システムを導入する］

お客様は商品を購入する際にオンラインで決済します。決済システムを使わなくても「この銀行に振り込んでください。入金が確認されたら商品をお送りします」というようなやりとりもできないことはないですが、クレジットカードで支払いができるようにしておけば成約率は高くなります。

お客様にとってはクレジットカードを使える方が、断然便利なのはもちろんのこと、販売側としてもカード決済システムを導入した方が売り上げが上がります。とくに高額商品の場合は、カードの分割払いやリボ払いがあると購入のハードルが下がるので、購入してもらいやすくなります。

おすすめ決済システム

決済システムは、ＶＩＳＡやマスター、ＪＣＢ、アメリカンエキスプレスなどの主要カードブランドに対応しているサービスを使いましょう。おすすめの決済システムは「エキスパ」です。エキスパはクレジットカードだけでなく、銀行振込にも対応しています。直接販売者に自分の銀行口座からお金を入れることに抵抗がある購入者は意外と多いので、エキスパを経由してもらうようにすれば、安心して支払いしてもらえます。

また、販売者側としても入金を一元管理できるメリットがあります。エキスパは先ほど紹介したサイポンで作成したセールスレターと連動できるので、一緒に使えてとても便利です。

エキスパ　https://ex-pa.jp/h/web/sell

【ライブ放送システム】

販売のためのシステムの次は、集客のためのシステム導入について知りましょう。まずはライブ放送システムです。離れた顧客に対して、リモートでいわゆる生放送をするためのサービスを使います。

生放送というところがポイントです。録画した映像を配信することもできますが、生放送、つまりライブ放送をすることで売り上げが最大化します。

私自身、これまで何百回何千回と映像でのセールスをしてきました。録画のパターン、生放送のパターン、音声だけのパターン……様々なパターンを試しましたが、いちばん成約率が高いのがライブ配信です。

成約率で考えると、直接対面でセミナーなどを開いた場合の方が高いのですが、参加してくれるお客様の数を考えると、ライブ配信がもっとも売り上げが高くなります。つまり、成約率はリアル会場セミナーの方が高くても、お客様がたくさんいる状態なので、成約本数は増えるということです。

なぜ録画よりもライブがいいかと言えば、録画では動画のスキップや早送りが簡単にできてしまうからです。途中のセールストークを見ずに、最後だけ見る人も多いでしょう。逆に「あとで見たらいいか」と途中で離脱されることもあります。だからこそ、オンラインセールスではライブ放送が有効です。

ライブ放送システムはセールスのときだけではなく、オンラインコンサルティングやオンラインセミナーでも有効なのでどんどん使っていきましょう。おすすめのシステムはZOOMです。ZOOMでは、パソコンの画面を共有したり、チャットのやりとりも可能です。ライブ配信以外にも様々なメリットがあるZOOMが、いちばん使いやすいので、ぜひ導入してください。

【メール配信システム】

メール配信システムは、セールス時にメールアドレスを登録してもらい、そのメールアドレスに対して販売促進を行うために使うシステムです。

情報の配信はもちろん、購入後のフォローにもメール配信システムが大いに役立ちます。クロスセルやバックエンド戦略を思い出してもらえるとわかると思いますが、購入後のお客様に適切なフォローを入れることで、売り上げは最大化します。

メール配信システムも、先ほど紹介したエキスパの中に実装されています。エキスパとその関連サービスを使えば、セールスレターから決済システム、メール配信システムまで一元管理できます。非常におすすめなので、ぜひまとめて使って欲しいと思います。

● オンラインセールスに必要なもの

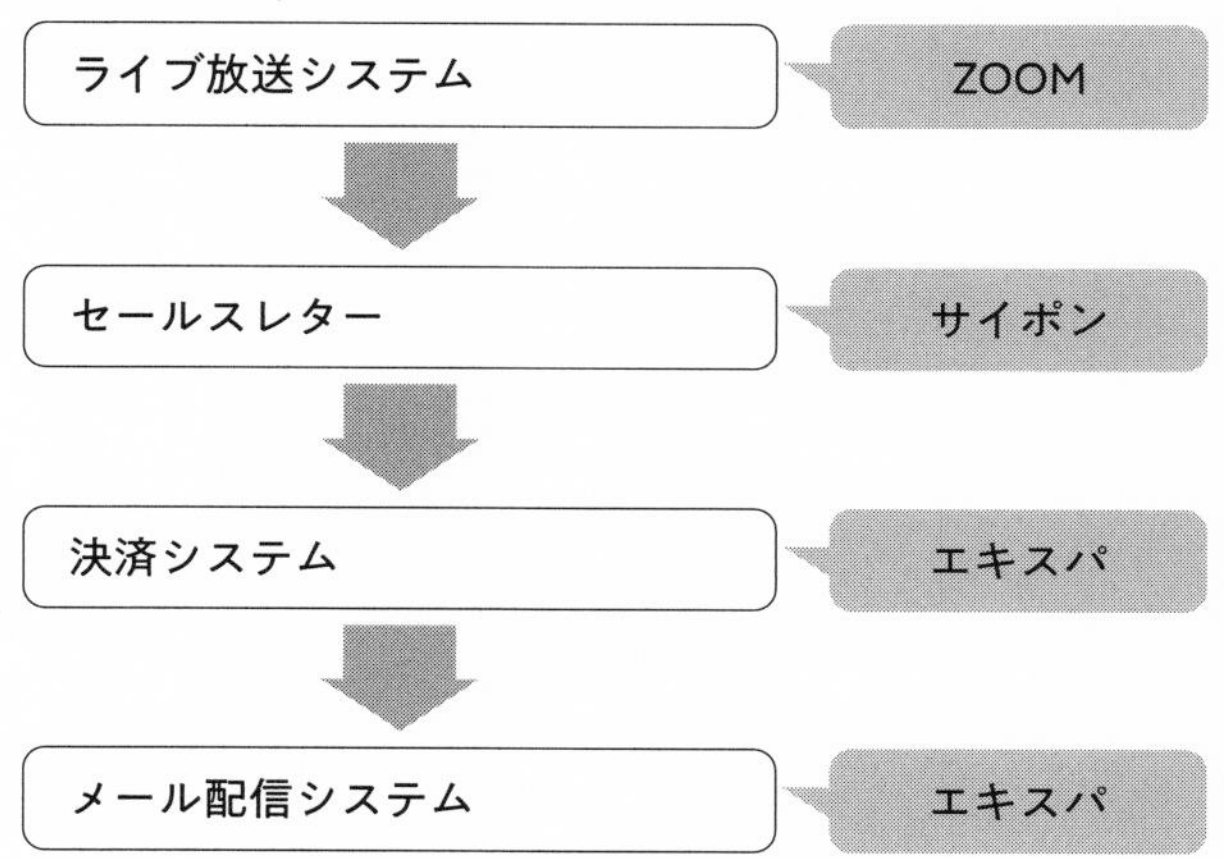

02 ー 売れるセールスレターの作り方

[売れるセールスレターの構成要素とは]

本節では、セールスレターの構成要素について解説します。既にお話ししたように、セールスレターは1枚ものののWebページです。この1枚の中にお客様に知ってほしい全ての要素を入れ込むことによって、1回で成約させるのが目的のページです。

売れるセールスレターの作りは次の図のような構成になっています。セールスレターの構成要素は、それぞれの役割がしっかり決まっていて、順番も大事です。順番が違ってしまうと、各要素の中身がよくても全く意味のないものになってしまいます。

順番も含めて、1つずつ解説していくので、どうしてこの順番なのかを考えながら読んで、理解を深めてください。

● セールスレターの構成要素

① キャッチコピー

② エビデンス

③ スリップイン

④ 自己紹介

⑤ なぜこの商品（サービス）を作ったのか

⑥ 商品の詳細内容

⑦ 対象者を絞る

⑧ 価格と価格の正当性

⑨ 申し込みボタン

⑩ 購入者の感想

⑪ よくある質問

⑫ 追伸

【構成要素① キャッチコピー】

キャッチコピーはセールスレターのいちばん上にあります。興味をそそる文章を冒頭に持ってくることで、続きが読みたくなる心理を呼び起こす役割を持ちます。

キャッチコピーは3秒で決まると言われています。その言葉を見て、続きを読むか読まないかをお客様は3秒で判断するので、キャッチコピーにはできるだけ魅力的な言葉を持ってきて、下に誘導させる、つまりスクロールさせなければいけません。

魅力的なキャッチコピーを作るために

キャッチコピーで効果的な手法は、ギャップを出すことと数字を使うことです。例えば次のような言葉です。

- 美女と野獣
- ど素人でも〇〇できる
- 2週間で10キロ痩せる

「不細工な男が美女と結婚した」などのギャップがある言葉に人はすごく興味をそそられます。ギャップを感じたとき、同時に疑問も感じます。それを解消するために、先を読まなければならないという心理が働き、読者は引き込まれます。

2週間で10キロ痩せましたと言われたら「嘘でしょ」と思います。そして、本当なの？という疑問を解決するために、先を読まなきゃいけない気になるというわけです。

つまり、読者の心を掴む「ギャップがある」キャッチコピーでないと、その先は読まれません。魅力あるキャッチコピーを考えてください。

【構成要素②エビデンス】

キャッチコピーの次の要素はエビデンスです。エビデンスとは証拠のことです。あなたのセールスする商品やサービスの実績を載せましょう。ギャップあるキャッチコピーの後に証拠や実績を記載することで、信用性を高めるのです。

例えばキャッチコピーで「2週間で10キロ痩せる」と書いたなら、本当に痩せた証拠になるビフォーアフターの写真を載せます。ポコッと脂肪の乗ったお腹と、10キロ痩せてペったんこになったお腹の写真を比較して載せるなど、キャッチコピーが真実になった証拠を画像や動画で提示しましょう。

【構成要素③ スリップイン】

次の要素はスリップインです。スリップインとは滑りながら中に入るという意味で、具体的には導入文章のことを指します。

ここまでの流れは、キャッチコピーでギャップを生じさせて、次にその証拠を出しました。ここまで読んで、ユーザーはなぜなんだと思っています。2週間で10キロ痩せたのはわかった。では、どうして2週間でこれだけ痩せたのかと疑問に思っているわけです。

そこで、スリップインです。ここから本題に入ることになります。

セールスレターは、名前にもあるように「お客様への手紙」です。手紙なので、読んでいる人に自分のことだと感じてもらわないと意味がありません。

スリップインでは、自分のことに感じてもらうような導入文章を書きます。「もしあなたも同じようになれるとしたらどうしますか？」と問いかけましょう。

あなたなら、同じようになれますよ、2週間で痩せられますよ。他人事ではありませんよ、あなたも痩せられますよと、当事者意識を持ってもらうような文章がここでは必要です。自分に与えられた手紙として読むように、心理状態を変化させるのです。

[構成要素④ 自己紹介]

ここでやっと自己紹介をします。よくやりがちな間違いとして、最初にプロフィールを載せてしまうことがあります。まずは自己紹介からはじめたい気持ちはわかりますが、読者にとっては知らない人にいきなり自己紹介されても、興味を持てません。離脱の原因になるので、やめておくことをおすすめします。

これまでの要素で、他人事から自分事に置き換えてもらったうえで、はじめてプロフィールを載せるのがポイントです。

ここまでの流れがあるからこそ、興味を持って読んでもらえます。あなたも2週間で10キロ痩せられますよ、あなたも同じようにスリムになりますよと言われた読者は「なりたいよ、早く方法を教えてよ」という状態になっています。ここで、「はじめまして望月です」と自己紹介を入れるのです。ワンクッションにはなりますが、離脱の原因にはなりません。

プロフィールには必ず写真を入れてください。笑顔でカメラ目線で清潔感のある写真がよいでしょう。いわゆる「宣材写真」というやつですね。芸能人やタレントがプロフィールに載せているような写真を用意しましょう。リモートビジネスでも第一印象はとても大事です。

プロフィール文章は、挫折から成功までのストーリーを書いてください。私はとても太っていて、なかなか痩せなくて長年困っていました。ただ、あることがきっかけでこんなに痩せることができました。この手法を今日はご紹介します……このようなプロフィールなら、続きを読んでみたいと思いませんか？

読者の心を掴む、ストーリーやドラマを感じさせるプロフィールを書きましょう。

【構成要素⑤　なぜこの商品（サービス）を作ったのか】

プロフィールの次に、なぜこの商品やサービスを作ったのかの理由を書きます。どうして有料でこのサービスを販売するのかの根拠です。セールスレターではこの部分がいちばん大事で、なぜこの商品を作ったのかをお客様に納得してもらえれば、あなたの商品が売れる確率はグッと上がります。

ここでは、お金儲けのためではないということを、しっかり伝えてあげることが大事です。

多くの人に、自分のように幸せになってもらいたい、自分のような失敗をして欲しくない、そんな理由をしっかり書いてあげてください。みんな間違ったダイエットをやっている、でも私はあることに気づいて、うまくいった。それなら同じようにダイエットで困っている人悩んでいる人にお伝えしたい……このようなミッションを語りましょう。

先ほどのプロフィールの成功や挫折のストーリーと合わせて、読者はどんどん引き込まれていきます。

【構成要素⑥　商品の詳細内容】

商品の詳細内容は単調になりがちなので、1つ前の「なぜこの商品（サービス）を作ったのか」をきちんと理解してもらっていないと、離脱されやすいポイントになります。

商品の詳細は目次構成にするのがおすすめです。大事なポイントを目次のように並べ、各項目を補足説明し、それぞれの対象者を書いていきましょう。対象者は悩みで書くと効果的です。つまり「〇〇で困っている方」のような書き方です。

商品説明は目次構成にするといいと言いましたが、実はこれは本の構成と同じになっています。本の構成は日本人にとって慣れ親しんだ形なので、こうしてあげると読みやすく理解しやすくなります。

【構成要素⑦　対象者を絞る】

ここでさらに対象者を絞ります。こういう人が購入してくれたらメリットがありますと伝え、さらに「でも、こんな人は購入しても意味がありません」と非対象者に対してメリットがないことを伝えます。「こんな方におすすめです、しかし、こんな人にはおすすめじゃないので購入しないでください」と書いてあげましょう。

また、対象者には「購入するメリット」と「購入しないデメリット」を伝えます。購入しないデメリットとは、「このノウハウを知らないとあなたはこのような困ったことが起こりますよ」というようなことです。

このダイエット方法を知らなければ、これから先もずっとダイエットで失敗し続けるでしょう、また同じリバウンドを繰り返してしまうでしょう。このようなことが、購入しないデメリットになります。

【構成要素⑧　価格と価格の正当性】

次は価格の提示です。ただ価格を書くだけでなく、価格の正当性、なぜこの価格なのかの根拠を記載することが大事です。

例えばダイエットのマニュアルが５０００円だとします。なぜ５０００円という金額にしたのかということを書く必要があります。あなたの商品が他者商品よりも安いなら、どれくらいお得なのかを他者商品と比較して見せてあげると効果的です。

他者商品は自分と全く同じ商材である必要はありません。例えば他者のダイエットサプリメントが５０００円なら、同じ５０００円でもサプリは１ヶ月で終わってしまうけど、私のノウハウは身につければ一生ものです。もしリバウンドしてしまったら、サプリは再度購入しなければいけないけど、ノウハウを知っていればまた痩せられる……こんなふうに比較するやり方もあります。

他にも、「1日あたり○円」や「1グラムあたり○円」などのフレーズも効果的です。

【構成要素⑨　申し込みボタン】

ここで申し込みボタンの登場です。このボタンをクリックすると決済ページにジャンプします。申し込みボタンは税込で記載します。クレジットカード対応の場合はカードブランドロゴも記載しておきましょう。

これらは先述した決済システム、エキスパのサービスの中に組み込まれているので、簡単に設置できます。

ボタンには「お申込みはこちら」「お申込みはこちらをクリック」という文言を表示させます。大きく目立つように表示させてください。視認性を高めると購入率が上がります。必ず大きなボタンで、青いページだったら赤いボタン、赤いページだったら青いボタン、つまりページの補色に相当する色を使って目立つように入れましょう。

【構成要素⑩　購入者の感想】

既にその商品がいくつか売れている場合、購入者から感想を聞いて記載させてもらいましょう。感想は手に入れてよかったことなどをメインに書いてもらいます。

このとき、都道府県・年代・職業・性別・5段階評価があればより効果的です。「千葉県在住・40代・主婦・★★★★★」のような形のレビューをAmazonや楽天などのショッピングサイトの口コミで見たことがあると思います。これを再現しましょう。

これがあると、感想に説得力が出ます。ただの感想の羅列ではリアリティがないのですが、こういった情報があるだけで生の声として読んでもらえます。

感想はできれば7つ以上は用意してください。人間は7つ以上の数を見ると「たくさんある」と認識するからです。7つ以上の感想を集められたら、パッと見ただけでたくさんの感想があるなと感じてくれます。

【構成要素⑪　よくある質問】

セールスレターの最後はよくある質問の項目です。実際にお客様からいただいた質問をQ&A形式で記載しましょう。セールスレターを簡単に作成できるサイポンを使えば、書式が用意されているので簡単です。

もし実際には質問されていなかったとしても、次の項目をよくある質問の中に入れてください。

- 初心者でもできるのか
- お支払いはどうやってするのか
- 商品の受け取り方法がわからない
- 返品キャンセルはどうするのか

【構成要素⑫　追伸】

追伸の役目は、最後にそっと背中を押すことです。長いセールスレターを最後まで読んでくれた方への感謝の言葉をまず語りましょう。

それから、最初は誰もが初心者であることを語ります。「これを機に、一緒に変わりましょう」と背中を押してあげるための文章です。

今とは違う未来を想像させ、行動することの大切さを伝えて、行動によって変わる未来をできるだけ明確にイメージしてもらえるメッセージを伝えてください。これができれば、購入率が格段に上がります。

03 ─ セールスレターの成約率を高めるために知っておくべきこと

[3つの限定とは]

「3つの限定」を使えば、セールスレターの成約率が飛躍的に向上します。具体的には次の3要素になります。

- 期間を限定
- 価格を限定
- 人数を限定

人間は「限定」という言葉に弱いです。期間限定やタイムセールなどの言葉についつい購入を決めてしまった経験が誰にでもあるはずです。この要素をセールスレターに盛り込み、成約率を向上させましょう。

期間を限定

「今日から何月何日まで販売します」「〇日で販売終了します」など、期間を設けると成約率が上がります。ずっと売っていきたい場合は、特典を用意して、特典の配布に期限を設けるとよいでしょう。お得な特典を設定したうえで「この特典は何月何日で終了します」と言えば、特典が購入のきっかけになってくれます。

価格を限定

商品価格を期間で区切って「〇日までは5000円で販売します」というように価格設定します。できるだけ早く買わなければと思ってもらえ、成約率が上がります。

人数を限定

「先着何名まで」と人数で限定するやり方も効果的です。例えばオンラインサロンなどの会員制コミュニティは、人数を制限することによってより価値が高まります。乗り遅れたくないという心理から、成約率は向上するでしょう。

この3つの限定は掛け合わせることも可能なので、自分のサービスに有効な方法を考えてみてください。「人数が何百人に達したら価格を上げます」というように限定をかけ合わせて使うのも効果的ということです。

【カウントダウンタイマーを導入しよう】

先ほどの3つの限定の残り時間を表示させるカウントダウンタイマーを、セールスレターに設置するのも効果的です。「残り何時間何分何秒です!」という感じでカウントダウンされていくタイプのタイマーをセールスレターの最上部もしくは、購入ボタンの上に設置しましょう。目立つところに設置することで「早く買わないと!」という心理が働きます。

カウントダウンタイマーは簡単に作成できるWebサービスがあるので、プログラミングができなくても大丈夫です。

【LINEやメールによる無料相談も効果的】

LINEやメールによる無料相談も成約率を向上させます。セールスレターを読んで気になったけど購入するかどうかは悩んでいるという人たちに対して、無料相談をしてあげましょう。

LINEやメールで相談を受けたら、ちゃんと親切丁寧に返信します。もらった質問はSNSでシェアすると、他にも購入を悩んでいる人の参考になるので、積極的にシェアしていきましょう。

また、親切丁寧に返信している姿を見せることで、信頼を獲得でき、真面目な印象も持ってもらえます。メリットが多いので、無料相談は積極的に行いましょう。

【セールスレターに必要な要素を忘れない】

セールスレターには必要な要素があります。これらは必ず入れなければいけないので、忘れないようにしましょう。

特定商取引法に基づく表記ページ

既に少しお話ししましたが、セールスレターには特定商取引法に基づく表記のページが必要になります。どんな文章を入れたらいいかわからない人もいるかもしれませんが、インターネットで検索するとすぐに出てきます。ちなみにサイポンを使ってセールスレターを作った場合は、最初から自動で実装されています。

プライバシーポリシー（個人情報の取扱に関する規定）

プライバシーポリシーとは、簡単にいうと「個人情報をどう扱います」という表記です。これもセールスレターでは必須の項目になります。特定商取引法に基づく表記ページと同様に、これもサイポンで作成すると自動で生成されます。

セールスレターは1枚で完結するWｅｂページだと言いましたが、特定商取引法とプライバシーポリシーは別のページで大丈夫です。セールスレターのいちばん下にリンクを貼る形で表記してください。

問い合わせフォーム・電話番号（任意）

お問い合わせに対応する場合は、問い合わせフォームを設置します。できれば電話番号も入れてあげると効果的ですが、これは難しい人も多いかもしれません。任意ですが、もし可能であれば電話番号も一緒に表記すると成約率アップにつながります。

【セールスレターはレター（手紙）なので読ませることが前提】

セールスレターは名前の通り「手紙」です。つまり、読ませることが目的であり前提です。手紙ですから、読みづらくなるような過剰な文字装飾はしないのが無難です。多くの文字色で装飾している手紙は読みづらくてたまらないですから。

画像も、必要ないなら無理して入れる必要はありません。豪華に見せたい！　という思いから無理にイメージ画像を入れまくる人もいますが、不要です。本当に必要な画像だけを、最小限入れていくのが理想です。セールスレターは見せるものではなく読ませるものという意識を持って作成しましょう。

【冒頭のヘッド画像（キャッチコピー）はインパクトのあるものを】

ただし、冒頭のキャッチコピーの部分（ヘッド画像）だけはしっかりとインパクトのある画像を作り込みましょう。この部分はファーストビューと呼ばれる、お客様が最初に目にする部分です。インターネットの世界では「お客様は3秒でそのページを読むか判断する」といわれています。ここの部分だけは、こだわって画像を作ってください。

レスポンシブ対応にする

セールスレターはレスポンシブデザインに対応しましょう。レスポンシブとは、パソコンで見てもスマホで見ても最適化されるデザインのことです。スマホからアクセスしたら、自動的にスマホ用のデザインを表示させる仕組みです。たまにパソコンから見ると綺麗なページなのに、スマホで見ると崩れているデザインがありますが、これがレスポンシブに対応していないページの例です。どんな端末からアクセスしてもらってもいいように、レスポンシブには対応したデザインで作成しましょう。これもサイポンなら最初から対応しています。

【セールスレターのライティングに気をつける】

セールスレターは手紙なので、少しの表記の違いで成約率がグッと変わります。文章の隅々まで気を配って、ライティングするようにしましょう。

「確実に」や「絶対」などの断定表現は使わない

セールスレター内では「確実に〇〇できます」「絶対に〇〇になります」などの言葉は使わないようにしましょう。「１００％」などもダメです。こういった確実に将来や成果を保証する言葉は使ってはいけません。

具体的には「確実に痩せます」とか「絶対稼げます」とかいった表現です。これは誇大表現なので、最終的に返金しなければいけない事態になりかねません。

二人称で書く（あなた）

セールスレターは手紙なので、相手に対して二人称で文章を書きます。つまり「あなた」という表現で書いてください。「皆さん、こんにちは」とついつい書いてしまいがちですが、これはよくありません。

見ているのは確かにたくさんいるのですが、読む人は1人1人です。みんなと一緒くたにされて呼び掛けられるよりも、「あなた」と呼び掛けられた方が「これは私への言葉なんだ」と思ってもらえます。関係性がグッと近づくので、二人称を使うようにしてください。

写真や画像は著作権に注意する

画像を掲載するときは著作権に十分注意してください。インターネットで拾ってきた画像を安易に使うのはやめましょう。

【お客様は見ない、読まない、買わない】

セールスレターの注意点をたくさんお話してきましたが、最後にいちばん大事なことを言います。「お客様は見ない、読まない、買わない」ということです。これをまず頭にしっかりと入れてください。

セールスレターはあなたからお客様へのラブレターです。つまり一方的な恋文ですよね。

私はあなたのことが好きだけども、あなたは好きとは限らないのがラブレターです。お互いに好きならラブレターにならないし、口説きたいから書くのがラブレターです。つまり、あなたはセールスレターで口説き文句を並べているわけです。

基本的に、興味が薄い人からのラブレターを真剣に読む人は少ないです。さっと見てくれる人は多いかもしれませんが、それくらいのレベルです。

マーケティングの原則になりますが、「ここに書いてあります」とか「ここで言ってます」などと言っても、お客様には通じません。

ラブレターは真剣に読まれないし、簡単に成約できないということを前提に、セールスレターを作りましょう。わかりやすく伝えるのはもちろんのこと、大事な箇所は何回も伝えます。ラブレターに1回好きだと書いただけでは伝わらないように、セールスレターでも大事なことは3回伝えます。

ラブレターですから、怪しい人じゃないことを知ってもらうために全ての疑問や質問を解決してあげましょう。本当に細かいこと、例えば商品のダウンロード方法とか解約方法とか、そういったものを全てセールスレター上で解決してあげるようにしてください。

ラブレターを送って、恋愛が成就するのはどんなときでしょうか。女性があなたとの将来を思い描いたとき、希望を持てたときにお付き合いしたいと思ってくれますよね。

セールスレターでも、最後はこのお客様の輝かしい未来の姿を想像させるような文章や画像が大事です。

例えば、ダイエットの教材なら自分の痩せてきれいになった姿をリアルに想像してもらえれば、購入率が高くなります。お客様に未来のあるべき姿を想像させるようなセールスレターを書いてください。

04 — 決済システムを導入する

【決済システム（エキスパ）の導入手順】

本書では、セールスレターの決済システムとしてエキスパを推奨しています。エキスパについて、もう少し詳しく解説していきます。

エキスパの概要

エキスパには複数のプランがありますが、最初は毎月３４７０円のプランで十分です。逆に言えば、毎月ランニングコストとして、これだけの金額がかかるのは覚えておいてください。さらに、初期費用は５０００円かかります。このプランには1日５０００通のメール配信プランが搭載されています。決済システムのレンタルとメール配信システムのレンタルでこの価格ということです。全ての機能がオールイン・ワンで含まれてこの価格は、とても安いと言えます。

エキスパの決済手数料はクレジットカードが7・8％で、銀行振込みは2・8％です。これは購入した売上から自動で差し引かれて振り込まれる形になります。

紹介システム（アフィリエイトプログラム）が利用できる

エキスパには紹介システム、いわゆるアフィリエイトプログラムがあります。商品購入してくれたAさんが友達Bさんに紹介して、Bさんが購入してくれた場合、Aさんに報酬を支払えるシステムです。つまり、このシステムがあることで、宣伝してくれる人を増やすことができます。購入してくれた人がセールスマンになってくれるようなシステムなので、活用すると口コミが増えて成約率が上がりやすくなります。

エキスパのキャッシュフロー

エキスパの売上は毎月末締めで行われます。翌月5日から25日までに出金申請をすると、その翌月の5日に指定銀行に着金します。売上は、出金申請をしないと着金されずいつまでもエキスパにプールされるので、申請を忘れないようにしましょう。

【商品登録と審査について】

エキスパにはセールスレターと商品の審査があります。なんでも販売できるわけではなく、審査に落ちると登録できません。

セールスレターの審査では、誇張しすぎた言い回しがないか、言葉の表現がきつすぎないかなどを見られます。修正依頼がきたら、そこをきちんと修正して再審査をお願いすれば大丈夫です。こういった審査があるので、商品発売までには半月から１ヶ月ぐらいの余裕を見ておく方がよいでしょう。

審査はメールでのやりとりになるので、質問や修正の説明などはわかりやすく丁寧に書けばスピーディーな審査ができます。修正した箇所は毎回備考欄に記載するのがポイントです。

【決済システム導入の注意点】

その他のエキスパを使う際の注意点を見ておきましょう。

スパムメールは絶対に送らない

エキスパにはメール配信システムがありますが、スパムメールは絶対に送らないようにしてください。スパムメールとは相手の購読の許可、配信の許可をもらっていないメールです。アドレスを勝手に登録して送るという行為ですね。これをやってしまうと、アカウントが凍結されるので、絶対にやめてください。

問い合わせにはすぐに対応する

商品の問い合わせなどにも、すぐに対応してください。問い合わせが届いたら当日もしくは翌営業日ぐらいには対応しましょう。というのも、これをやらないとクレームがエキスパの方に行ってしまう可能性があるからです。そうなるとエキスパは販売者としてあなたがふさわしくないと判断し、アカウントを凍結したり、一部資金をロックしたりなどの対応をしてくることがあります。

定期的に顧客リストをグーグルスプレッドシートで管理する

定期的に顧客リストを管理しておきましょう。顧客リストはグーグルスプレッドシートを使うといいでしょう。

グーグルスプレッドシートでお客様の情報を保存して、どういうやりとりをしているのかなどを自分で管理します。お客様ごとの対応履歴はエキスパだけでは管理できないので、別に自分でまとめておくのです。

今後の、アップセルやクロスセル商品を案内するときにも役立つし、どういうサポートをしてきたのかの履歴があるとトラブル対応にも役立ちます。

05 ─ ZOOMを使ったライブ放送のやり方

【ZOOMのメリット・デメリット】

ZOOMでのライブ配信は売り上げを伸ばすために必須です。

ZOOMを使用するメリットは、やはりなんと言っても自宅からリモートで顧客と会話ができる点でしょう。自宅にいながらにして、遠く離れた人とリアルタイムで会話ができるのはZOOMの何よりのメリットです。

ZOOMは無料で利用できますが、有料版を使えば最大で1万人に向けて同時に配信できます。またZOOMには、動画を録画して配信する機能があるので、ユーチューブにアップしてさらなる集客につなげることが可能です。

マーケティングに利用できる機能もあります。参加者が参加した時間や離脱した時間、入ってきた時間、退室した時間など全部わかるようになっているので、自分の配信の内容を見返す際に便利です。このように、様々なメリットがあるZOOMですが、お客様側に金銭的なデメリットが発生しないので、とても使いやすいツールになっています。

非常に有益な一方で、ＺＯＯＭにも少しのデメリットが存在します。まずは、視聴者側がＺＯＯＭに不慣れな場合が多いという点が挙げられます。一度使ってしまえば簡単なのですが、最初はわからない方が多く、手間取ってしまうことがあります。

ちなみに、ＺＯＯＭは基本的な機能は無料で使えますが、最大１万人まで対応できる機能などは有料になります。全部無料で使いたい方は、少しの工夫が必要でしょう。

【ミーティングとウェビナーの違い】

ＺＯＯＭにはミーティングとウェビナーの2種類の機能があります。ミーティングは参加者全員とカメラと音声を繋いで、コミュニケーションをとるスタイルです。つまり、参加者全員にマイクとカメラが必要になります。

ミーティングは最大１００名まで対応していますが、基本的には一対一のコンサルティングや複数人でのコミュニケーションに使用することが多いです。

ミーティングが会議のイメージだとしたら、ウェビナーはセミナーのイメージです。ホストとなる自分がゲスト（参加者）に向けて、カメラとマイクを使って講演をするようなイメージになります。ミーティングとの違いは、参加者の顔が出ない点で、参加者は音も出せません。

オンラインセールスは、ウェビナー形式でやることが多いです。ミーティングの場合は100人までしか参加できませんが、ウェビナーは1万人まで対応できるので、広い範囲で認知できます。ホールで公演するようなイメージに近いですね。

自分の話をライブで聞いてもらうときに便利な機能がウェビナーです。ミーティングでも、オンラインセールスはできますが人数が限られたり、参加者側が喋ることができたりと少し不安な部分があります。ウェビナーではヤジやクレームもできないので、より本格的なセールストークができるのです。

【ライブ放送中に気をつけるべき点】

ウェビナーとミーティング両方に共通する注意点が個人情報の漏洩です。特に画面を共有するときには注意してください。例えばメールチェックの手順を説明するときに、ログイン情報を映してしまったり、銀行口座の使い方を説明するときに個人情報を映してしまったりすることはよくあります。

画面共有だけでなく、ライブ放送中に個人情報を言ってしまうことがあります。自分の個人情報だけでなく、視聴者の個人情報も言わないように注意してください。心配な場合はライブ放送の前に、録画での配信からはじめるといいでしょう。

ミーティングを録画する場合は、参加者の顔が映っていることもあるので必ず参加者全員に配信許可を得てください。ウェビナーの場合は参加者は顔が見えないので、許可は不要です。

セールス動画を録画して長期間使いたい場合は、季節の言葉や時事ネタは使わず、普遍的な内容だけを話すようにしましょう。

機材にもこだわってみよう

ＺＯＯＭではマイクの音質やカメラの写りで、売り上げが左右されます。画面越しに好印象を与えるためには、笑顔を作って表情を明るくするのは大前提です。声もハキハキと喋りましょう。

周辺機器にもこだわって、明るいイメージを作り上げることをおすすめします。撮影用のライトは数千円から購入できるものもあります。パソコンの上に置くだけで顔が明るく映るのでおすすめです。マイクも一緒に購入して、音声を聞きやすくしてあげると喜ばれます。設備投資だと思って一式揃えてからはじめるとよいでしょう。

【ライブ放送が終わったら】

ライブ配信をクラウドに保存する設定で録画している場合は、ライブ配信が終わったらすぐに共有ＵＲＬが生成されます。そのＵＲＬを参加者に送れば、すぐに見てもらうことが可能です。視聴の有効期間やパスワードの設定もできるので、案内してあげましょう。

他にも、録画データをダウンロードすれば、編集することもできますし、ユーチューブにアップすることもできます。

06 ステップメールを使ったセールス自動化

［ステップメールとは］

ステップメールとは、あらかじめ設定したメールをシナリオ通りに順番に自動で配信していくシステムです。通常のメール配信とは異なり、情報を一から配信できる点がメリットです。

ステップメールに登録した人は、登録した日から順番に毎日メールを受け取ります。ステップメールはセールスに効果的であるのはもちろん、顧客のフォローにも効果的です。

「セールスステップメール」と「フォローステップメール」とは

ステップメールには2種類あります。「セールスステップメール」と「フォローステップメール」です。セールスステップメールとは、商品販売までの教育配信メールです。商品の情報や知識などをメールで配信することによって、お客様に商品のことを学んでもらって、最終的に購入してもらいます。フォローステップメールは、すでに商品を購入した方に送るステップメールです。カスタマーサポートメールと考えるとよいでしょう。

【セールスステップメールのシナリオ構成】

セールスステップメールは知識を提供して信頼関係を構築するのが目的です。つまり、自分はこういう情報を発信していますよ、こういう役立つノウハウを提供していますよという情報を発信する役割のメールです。

セールスステップメールの中で、読者の悩みを解決するための知識を提供してあげましょう。解決策をメールで配信してあげると信頼関係を築くことにつながります。読者はステップメールで知識を得ることで自己解決意欲が高まります。「こういうふうにしたらいいんだ」とある程度わかってくると、次は「じゃあ、こういう場合どうすればいいんだ」と欲求がレベルアップしていきます。そのタイミングで、悩みを解決する商品（サービス）を告知しましょう。つまり、セールスレターをそのタイミングで読んでもらったり、ライブ配信を見てもらうのです。

セールスステップメールは、商品にもよりますが、ライブ放送までに5通から10通くらいを送るスケジュールで組むといいでしょう。1日1通を送る予定なら、5日から10日ぐらいかかりますね。

登録してもらった当日に5通送って、すぐにセールスするようなやり方はおすすめできません。信頼関係が出来上がっていないので、成約率が下がってしまいます。

ライブ放送後には、申込状況などによりますが、3通〜5通くらいのステップメールを送ります。「ライブ放送を見ましたか？　次はこちらですよ」というような内容でセールスするとよいでしょう。

まとめると、5通から10通を商品セールスの前に送って、セールス後は3通から5通ぐらいを送るという形です。

ステップメールを作る際に大事なことは、最初に毎月のライブ放送の日程を決めることです。例えば、月に2回など日程をきちんと決めて、ステップメールに記載する配信の日程は毎回最新の情報に書き換えます。前述したようにセールスはライブ配信が最も効果的です。最短の日程をきちんと教えて、効率よく回すようにしましょう。

● セールスステップメールのシナリオ例

（内　容）

1通目
自動返信

- 申込みに対するお礼＋自己紹介
- 役立つ情報1つ
- 次回予告

2通目
問題提起

- 前回の内容おさらい
- なぜ痩せられないのか（問題を浮き彫り）
- うまくいかない理由
- 解決方法は次回

3通目
解決方法の提案とライブ告知

- 前回のおさらい
- 役なぜ解決できないのか？
  ➡ それは情報不足と行動力の欠如
  ➡ ライブ放送でリアルに伝えます
  　ライブ日の告知

4通目
質問募集
（参加させる）

- 前回のおさらい
- 質問募集（グーグルアンケート）
- 情報不足と行動できない理由
  ➡ 忙しい、めんどう、怖い
  ➡ それを解決するのがライブ

5通目
（リマインド）

- 前回のおさらい
- いよいよ明日、すべてが解決するライブします
  ➡ ライブで話す内容・プレゼントを用意しています
  ➡ 必ず参加してください

【フォローステップメールのシナリオ構成】

フォローステップメールの目的は、商品を購入した方の顧客満足度を上げていくことにあります。まずは、「商品は無事お手元に届きましたでしょうか？」ということを伝え、「ご不明な点はありませんか？」など、不満がないかを調査していきましょう。

そのうえで、補足の情報や「こういう活用方法がいいですよ」などの提案、追加の情報も送ってあげてください。とにかく、顧客にさらに満足してもらうためにできそうなことをどんどん送ってあげましょう。

フォローステップメールは購入翌日から大体1ヶ月ぐらいの間で、数日おきに配信します。特に決まりはありませんが、10通程度がいいでしょう。

ステップメールの内容はどんどんブラッシュアップしていきます。例えば成功者の体験談が手に入ったらすぐに取り入れるなど、内容を書き換えて随時更新していきましょう。

アンケートで感想を書いてもらう

フォローステップメールで購入者にお願いして、アンケートに答えてもらうのも効果的です。アンケートを元に、改善点に気づくこともあるし、場合によってはクレームを未然に防ぐ効果もあります。このアンケートはセールスレターの「購入者の感想」の項目にも使えます。アンケートはグーグルのアンケート機能（グーグルフォーム）を使うと簡単です。無料で作成できるので、ぜひアンケートをしてみてください（https://www.google.com/intl/ja_jp/forms/about/）。

アップセル・クロスセルも同時に行うことができる

商品が複数ある場合は、フォローステップメールでアップセル・クロスセルを仕掛けます。商品購入の満足度が高まっていれば、次の商品も売れることは想像しやすいでしょう。これによって売り上げは最大化していきます。

ちなみに、ステップメールはシナリオを分岐させることができます。例えば「新しい商品がありますので、ご興味があればこちらに登録してください」という形で新たに登録を促し、新しく登録してもらったアドレスに新しいセールスステップメールを送るという方法です。木の枝葉のように、分岐をたくさん作っていくと、常に何かしらのメールが配信されて何かしらのセールスを行っている状態になるので、売り上げがどんどん膨らんでい

● フォローステップメールのシナリオ例

（内　容）

1通目
商品購入翌日

- 購入のお礼
- 何か問題はないか？
- 効率的な活用方法の紹介
- アンケートのお願い（グーグルフォーム）

2通目
購入後3日目くらい
(アンケート・悩みの抽出)

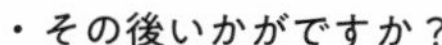

- その後いかがですか？
- 購入者の感想（アンケートより）
- アンケートのお願い
（アンケートで悩みや疑問を集める）

3通目
購入後7日目くらい
(アップセル・クロスセルへの興味づけ)

- 購入のお礼
- 悩みの紹介（アンケートより）
- その悩みを解決できる商品やサービスを紹介
- ぜひお試しください

4通目
購入後10日目くらい
(アップセル・クロスセル)

- 前回のおさらい
- バックエンド商品（アップセル・クロスセル）の詳細説明
- 購入者の感想
- ぜひお試しください (3つの限定があれば使う)

5通目
(アップセル・クロスセル)

4通目と基本同じ内容

※6通目以降は、10通くらいまでこれを繰り返す

きます。

【顧客情報を管理する際の注意点】

すでに商品を買ってくれた人に、同じ商品をセールスするステップメールを送り続けると、不快感を与えてしまいます。購入してくれた人はすぐにステップメールのリストから削除するようにしてください。購入者の情報はスプレッドシートで管理するとよいでしょう。稀に登録時とは異なるメールアドレスで購入してくる場合があるので、そこには注意が必要です。そういう人のために、ステップメールには「すでに購入した方がいらっしゃったらメールの配信を止めますのでご連絡ください」というような文言を一言付け加えておきましょう。

顧客管理はグーグルスプレッドシートで行うことを推奨しています。すでにお話ししましたが、スプレッドシートはクラウドに自動保存されるので複数人での編集も楽ですし、誰がどこで修正したかの履歴も残ります。もちろんどの端末からでも同じ情報にアクセスできるので、顧客管理はスプレッドシートを利用するのがおすすめです。

第3章

オンラインコンサルティングを はじめよう

01 ─ オンラインコンサルティングとは

【オンラインコンサルティングをはじめよう】

本章では、オンラインコンサルティングで収益を上げる方法について解説していきます。オンラインコンサルティングは、リモートビジネスでは入門編のような位置付けです。リモートビジネスで収益を上げようと思ったとき、最初にチャレンジしやすいビジネスモデルになっています。

オンラインコンサルティングを元にして、オンライン講座やオンラインサロンに展開していくのが効率がいい方法ですので、リモートビジネス初心者は、まずはオンラインコンサルティングからはじめてみてください。

【オンラインコンサルティングで提供できるサービス】

そもそも、コンサルティングとはどんなものでしょうか。コンサルティングはクライアントの悩みに対して課題を明確にし、その解決策を提示しながら解決に導くアドバイスを行うことです。個人によって悩みが異なるため、それぞれの悩みに応じて、臨機応変に解決策を提示できると成果が出やすくなります。

個別にアドバイスを行うコンサルティングは、ＺＯＯＭでのミーティング機能を利用して行うので、リモートビジネスにぴったりです。形のないビジネスなので、場所を問わずに顧客に有益な情報を提供できます。

コンサルティングでは、目的をヒアリングしてゴールへ向けて客観的なアドバイスをしてあげます。例えばプロでもコンサルティングを雇っていたりコーチングを受けていたりするように、自分のことは客観的に見られないものです。ですから、客観的なアドバイスで成果をしっかりと出すことにコミットしてあげましょう。

具体的にどういうふうにサービスを提供していくかですが、基本はＺＯＯＭでの個別対談形式のライブコンサルティングがメインになります。悩みを聞きながら、アドバイスをしていきましょう。ＺＯＯＭの合間に文章でもコンサルティングをしていきます。これはチャットワークでのチャットをメインにするといいでしょう。データなどのファイルのやりとりも可能なのでチャットワークが便利です。

私の場合は、ＬＩＮＥを活用した簡易コンサルティングも取り入れています。チャットワークの文章では伝えきれなかった内容や、その都度アドバイスが欲しいことなどは簡単にＬＩＮＥでやりとりしています。自分のコンサルティングに合うものを工夫して使ってみてください。

【オンラインコンサルティングからビジネスを多角化する】

コンサルティングの成功事例が増えていくと、ビジネスがどんどん広がっていきます。成功事例をマニュアル化してオンライン講座にしたり、教材にして販売したり、成功事例をもとに仲間を集ってオンラインサロンを作ったりすることも可能です。

もちろん、これらはまずオンラインコンサルティングの成果を出してからです。成果が出たら、それをネタにどんどん展開できるというのがコンサルビジネスの特徴になります。

逆にオンライン講座やオンラインサロンの成功事例をコンサルティングに還元することも可能です。コンサルティング、オンライン講座、オンラインサロンの成果を組み合わせて多角化していくとビジネスはどんどん強くなっていくでしょう。

【オンラインコンサルティングのメリットとデメリット】

オンラインコンサルティングのメリットとして、まずは人それぞれの悩みに個別に対応できるため成果が出やすいことが挙げられます。リモートビジネスのとっかかりとして非常にやりやすいビジネスになっています。

クライアントに対して時間を割けるので、信

● オンラインビジネスの広げ方

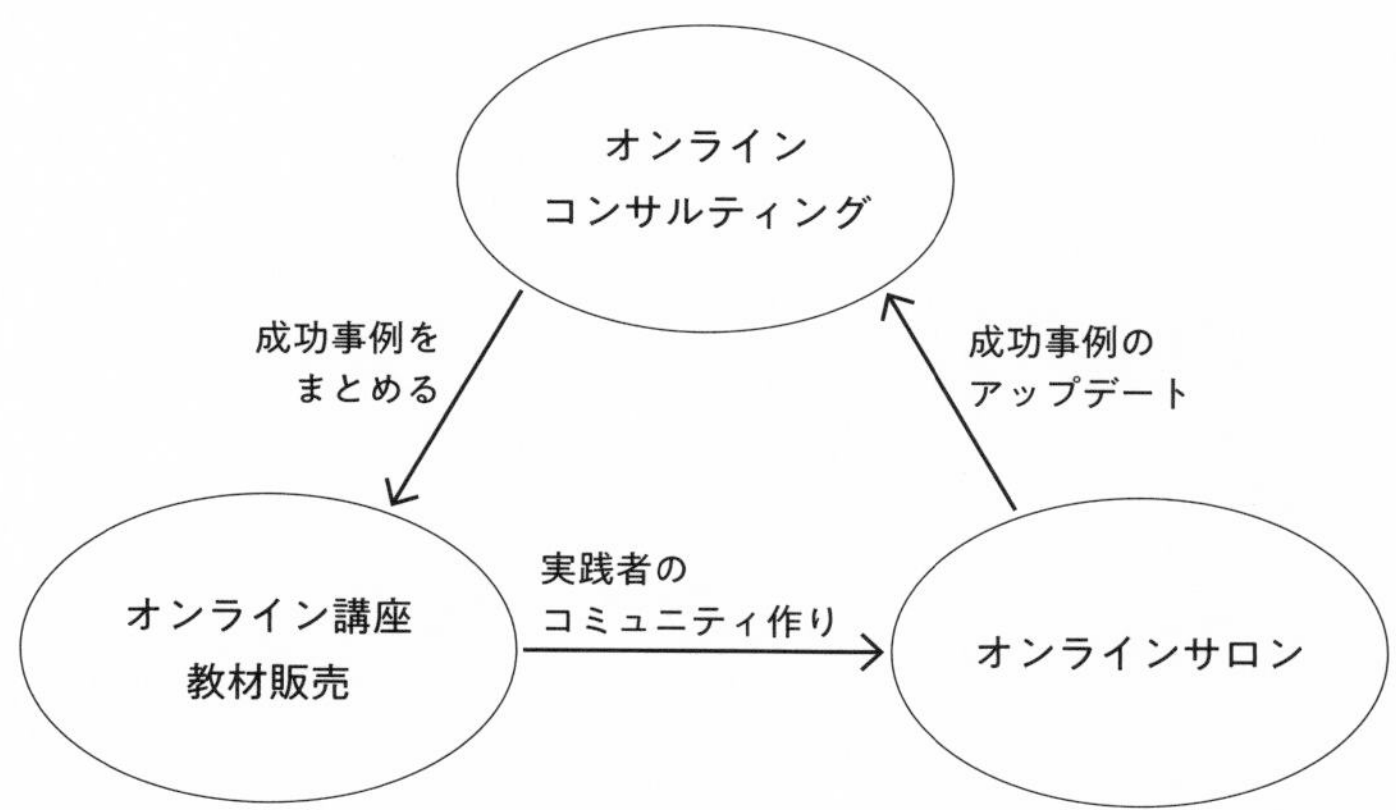

頼関係が構築できるという点もメリットでしょう。そして個別対応なので、費用を高く設定しても納得してもらいやすい特徴があります。つまり、利益率が高いビジネスというわけです。

一方デメリットは、個別対応が故に対応人数に限界があることです。つまり売上が限定されるということですね。

コンサルティングは時間を切り売りする労働収入のため、レバレッジが利かないという点がデメリットになります。つまり、費用対効果が最大化しないということです。ただしこれは、最終的にオンライン講座やオンラインサロンに発展させることで、問題解決します。

【オンラインコンサルティングに向いている業種】

オンラインコンサルティングに向いている業種の例は次のようなものがあります。

- 売上アップ支援や税務、人材育成などの経営アドバイス

- 副業、サイドビジネスなどの個人の起業支援
- 新しい事業の企画営業、マーケティング支援

売上アップ支援や税務、会社の経営、人材育成などの直接的に収入に結びついて、コンサルを受けることで売り上げに直結するような分野はコンサルティングに向いています。

これは個人向けでも同じで、個人に向けての副業支援や自立支援のコンサルティングは喜ばれやすい分野です。他にも、新しい事業の企画営業のやり方やマーケティングなども需要のある分野です。

これ以外にも、自己実現達成のための分野もコンサルティングの需要が高い分野です。例えば次のようなものです。

- 民間資格取得のための支援（検定・ライセンスなど）
- 目的達成のための支援（ダイエット・筋トレ）

検定やライセンス、民間資格の取得のための支援なども賑わっていますし、筋トレやダイエットなどの支援も人気分野です。これらはなかなか自分1人では達成できず、挫折してしまう人が多いという特徴があります。こういった分野はコンサルティングに向いています。プライベートジムが流行っていますが、あれも基本的にはマンツーマンのコンサルティングなのです。

02 ― オンラインコンサルティングにおける集客のポイント

[ブランディングをしっかりと確立する]

オンラインコンサルティングの集客のポイントはとにかく、ブランディングをしっかりと確立することです。コンサルティングは、「あなたに教えてもらいたい」と思われることが何よりも重要だからです。

つまり、あなたがすごい人であるというブランディングをしっかりと確立させることが先決です。

「すごい人」というのは基準が曖昧ですが、コンサルティングを受けたいと思わせるためには実績、人間性、信頼性、この3つがあれば十分です。簡単に言えば憧れの存在になればいいということです。

よくある勘違いとして、実績さえあればいいと考える人がいますが、これは間違いです。あなたに教えてもらいたいと思ってもらうためには、実績だけではなく、人間性や信頼性が実績と同じくらい大事になってくるからです。

人間性に興味を持ってもらうためのポイントは「ギャップ」です。時には真面目な話以外に、ちょっとしたユーモアのある話をしたり、真面目な性格を出したり、そういった人間性を出すことが大事になります。ＳＮＳは人間性を出しやすいツールなので、自分らしさを見せていきましょう。

ただし、大勢の人に認められる必要はありません。コンサルティングは自分の得意分野で、特定の人に響けばいいのです。コンサルティングの集客においては、量よりも質重視で行ってください。たくさんのお客様を集めるよりも、顧客になってくれる人を少人数集める方が重要なのです。

【ＳＮＳから集客する際に意識すること】

実際にＳＮＳから集客する際にはどんなことに気をつけるとよいでしょうか。まずはニッチな専門分野の情報を配信していくことが大事です。とにかくコアなファン作りを意識していきましょう。

成功体験や得意分野の専門的な情報を常にシェアしていきます。毎日ためになる投稿をすることで、真面目さや堅実さも同時にアピールできます。コメントがついたら必ず返信をして、双方のコミュニケーションをとります。このようなこまめなコミュニケーションから信頼関係を作ることができます。自分の投稿にコメントがついた場合は、コメント返しだけでなく、相手の投稿に対しても、何かしらコメントを入れてあげるとより効果的です。あとはやはり、ポジティブな印象を与えるような投稿を意識してください。人間はポジティブな人に惹かれるので、SNSにアップする写真は常に笑顔の写真にするようにします。

逆に、ネガティブな投稿は厳禁です。他者を批判したり、ニュースに対してでもネガティブな意見を出すのはよくありません。逆ブランディングになるので、絶対にやめてください。

そして、得意ジャンルに対しては強いこだわりを持ってるという姿勢を見せることで、ブランディングが出来上がります。自分の専門分野や得意分野で強いこだわりを出すのもそうですが、自分に厳しい投稿なども誠実さをアピールできるでしょう。人に対して厳しくしてはいけませんが、自分に対して厳しい姿勢は好感を持たれます。SNSに投稿する際はこういったことを意識して、ブランディングを作り上げましょう。

【コンサルティングのターゲットは未経験の初心者】

コンサルティングの目的はとにかく成果を出させることなので、ターゲットは未経験の初心者になります。未経験の初心者の方が成果を出させやすいからです。

0から1の成長が最も成果を実感できますし、あとは実績としてもアピールしやすいです。お客様にも喜んでもらえるし、コンサルタントとしての実績的にもいいので、未経験の初心者をターゲットにするといいでしょう。

もちろん、中級者向けや上級者向けにコンサルティングをしてもいいのですが、それはもう少し経験を積んでからにするのが無難です。中級~上級者向けは、そもそも顧客のターゲットが狭いので、集客も難しくなります。集客はボリュームが多い顧客層を狙うのが鉄則です。コンサルティングでは、圧倒的に初心者向けの層がボリュームゾーンなのです。

中級~上級者向けのコンサルティングをしたいのであれば、初級向けのコンサルティングが終わった後に、アップセル・クロスセルで提案する方が成約率が高くなります。

【見込み客は無料オファーで集める】

見込み客は「無料オファー」という方法で集めます。無料オファーでリストを集めて、セールスステップメールを配信し、セールスするという流れです。

無料オファーとは、簡単にいうと「無料プレゼント」のことです。無料でプレゼントを送るのと引き換えにメールアドレスを登録してもらいます。プレゼントはＰＤＦや音声講義がおすすめです。「ノウハウ満載のＰＤＦを無料でプレゼントするので、ここから登録してください」というような形でメールアドレスを登録してもらいます。ここで登録してくれた人は、あなたのノウハウに興味を持って

● オンラインコンサルティングのセールスの流れ

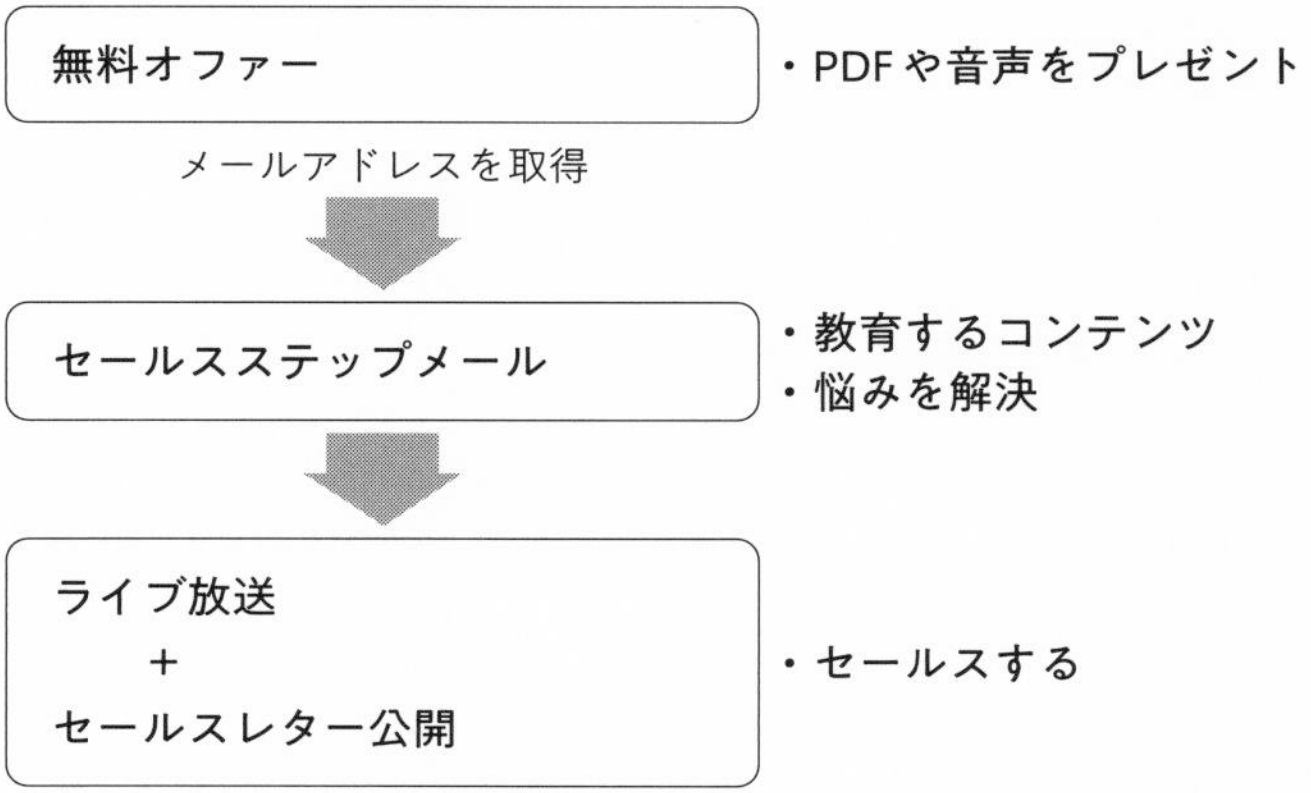

無料オファー
・PDFや音声をプレゼント

メールアドレスを取得

↓

セールスステップメール
・教育するコンテンツ
・悩みを解決

↓

ライブ放送
＋
セールスレター公開
・セールスする

いる人ですから、いわゆる見込み客になります。この人たちに対して、ステップメールを配信していくことで、セールスを仕掛けるのです。無料オファーの登録時に悩みを書いてもらい、その解決策を個別に配信すれば成約率がさらに高くなります。

無料オファーのページもサイポンで

無料オファーのセールスレターもサイポンで作成すると簡単です。エキスパと連動させれば、無料オファーに登録してくれたメールアドレスに対してセールスステップメールを自動配信できます。このような自動化の仕組みを作っておけば、あなたが寝ている間に見込み客が増えていくのでおすすめです。

どんな無料オファーを作ればいいのか

無料オファーはもちろん、あなたの有料ビジネスと同質のテーマにしてください。ニッチな専門分野、得意分野でコンサルティングをするわけですから、それに見合ったノウハウマニュアルなどがいいでしょう。

例えばダイエットのコンサルティングをするのであれば、「痩せられない原因7選」などの悩みを解決するためのマニュアルみたいなものがいいかもしれません。なぜあなたは一生懸命ダイエットしてるのに痩せられないのか、なぜ一生懸命運動しているのに痩せないのか……そういった問題提起に対する回答を解説した小冊子ＰＤＦや音声講義なら聞きたい人は多いでしょう。後々のコンサルティングにも繋がりやすいです。

ＰＤＦや音声ファイルはグーグルドライブやドロップボックスにアップしておいて、共有ＵＲＬからダウンロードしてもらいましょう。

03 オンラインコンサルティングをセールスするポイント

［セールスステップメールで意識するべきポイント］

無料オファーで集めたメールアドレスにステップメールを流していくわけですが、セールスステップメールで意識するポイントがあります。それはブランディングを重視したコンテンツを盛り込むことです。

自分がその分野でどれだけ凄いのかを、事例を含めて盛り込むことが大事になってきます。謙遜する必要はありません。日本人はとかく謙遜を美徳と思いがちなので、自分の実績を自分で言いたくないと思う人も多いですが、オンラインコンサルティングでは、とにかくあなたに教えてもらいたいと思ってもらうブランディング作りが必要不可欠なので、自分がどれだけすごいのかという実績はしっかりと書くようにしてください。

信頼関係を作るために、見込み客の悩みに回答した内容は、長文でステップメールに掲載する形でアピールしましょう。

さらに、あなたの専門的な知識や経験した内容を具体的にわかりやすく伝えることも大事です。実績はブランディングにおいて重要なパーツなので、勿体ぶらず全部出し切りましょう。

持っている知識や経験を全て伝え、このコンサルティングはとにかく結果が出やすいよと、成果が出やすいよと伝えます。成果が出る理由は、知識や経験が豊富な私が個別で教えるからですと個別指導のメリットを伝えましょう。私の個別指導だから成果が出やすい、私が教えるからあなたは挫折することなく、成功できるのですというような内容を盛り込んでいきます。

ここで、マンツーマン指導は時間を要するため、費用は高額であることも伝えておきます。ただし、具体的な金額はまだ言いません。ライブ放送時に発表する形にしましょう。メールでは事前に高額であるということだけ伝えておきます。このような実績がある私があなたのために時間を費やして教えるわけですから、高額になりますよということだけは、先にわかってもらうことで、今後の流れがスムーズになります。

【とにかくゴールを明確化させる】

セールスメールでは、とにかくゴールを明確にしてあげることを意識してください。コンサルティングは指導内容が重視されるので、こういうサポートをしますとか、私とこのぐらいの近い距離感になりますとか、そういう至れり尽くせりの内容を記載することで成約率が上がります。

そして、コンサルティングを受ければどうなれるのかというゴールを明確にします。すでにクライアントがいる場合は、「コンサルティングを受けて、私はこう変わりました」という購入者の声を掲載してください。すでに変化した人の姿を具体的に見せることで、ゴールがより明確になります。購入者の感想は、できれば写真付きがいいです。すでに信頼関係ができているので、お願いして掲載させてもらいましょう。

費用に関しては、「高額ではあるが、他者と比較すると安い」ことをアピールします。なぜなら、私にはこれだけの実績があり、しかも購入すれば自分と親密な関係になれる、指導を通して自分との人脈、パイプができるということもしっかりと伝えます。こうすることで、コンサルティングに付加価値が追加されます。コンサル期間が終わった後も、私との関係性はずっと続きますよと、何かあったら相談してくださいねと伝えることで、あなたに憧れを持ってくれている人たちは高額であっても価値を感じてくれるでしょう。

【ライブ配信でセールスする】

セールスメールでしっかりあなたのことを知ってもらえたら、ここでライブ放送をします。ライブ放送で伝えるべきは商品説明ではなく、人間性です。商品説明はすでにセールスメールで伝えているので、ライブ放送ではあなたを信頼してもらうことに注力します。

お客様は「雑に扱われたくない」という気持ちを常に持っています。私はそういったことはしませんよ、そんな人間ではありませんよということを伝え、ここでわかってもらいましょう。

もちろん、今までのＳＮＳの投稿の中でそう思ってもらえていると思いますが、自分の顔を見てもらって、実際に喋るときの雰囲気を知ってもらうことで、本当の意味で安心してもらうことができます。

参加者もまだ少ないと思うので、ライブ配信はミーティング機能を使い、グループコンサルティングの形で開催するのをおすすめします。参加者それぞれの悩みなどを事前に調査しておいて、ライブ中に解決策を教えてあげるといいでしょう。具体的な個別のアドバイスを1人1人にしていくことで、「直接教われば成果が出る」ことを体感してもらいます。実際に自分の悩みが解決するわけですから、グループコンサルティングの満足度は非常に高いものになります。

一般とは違った特別な人脈が構築できることも同時に伝わるので、コンサルティングに大いに興味を持ってもらえるでしょう。

このライブ配信でコンサルティングの疑似体験をすることによって、成約率が大きく変わってきます。一度経験してもらうと、私が「ライブ配信が大事」と言っている意味がよくわかると思うので、ぜひ行ってみてください。

最後にグループコンサルティングをした感想をもらってください。もらった感想は、セールスステップメールに「こういう感想をもらっています」と盛り込むことができます。

[ライブ配信が終わったらセールスする]

ライブ配信ではコンサルの価値をわかってもらえれば成功です。ライブ配信では、まだ強くコンサルを売り込む必要はありません。ライブ配信が終わったら本格的にセールスを開始しましょう。まずは個別メールでセールスレターのＵＲＬを送ります。ＺＯＯＭのライブ中にセールスレターを見せてもいいですが、ＵＲＬは終わってから送るようにします。

このとき、グループコンサルの録画も一緒に送るようにしましょう。そして、セールスレターの補足として「具体的に申し込みがはじまりました」「募集人数は少ないです」ということを伝えます。

ここでも参加者の感想を公開したり、特典を追加すると効果的です。特典はコンサル期間の延長や追加トッピングなどがいいでしょう。

最後にグループコンサルティングで聞いた悩みに対するアドバイスを書いてあげると、より成約率が高くなります。「コンサルを受けて、私と一緒に成功しませんか?」というような内容でクロージングをかけましょう。

04 ─ コンサルティング価格の決め方と契約書について

[コンサルティングの価格設定の考え方]

オンラインコンサルティングは無形のビジネスなので、価格設定は自由です。コンサルティングの価値を自分で決めることができる点はメリットであるものの、悩んでしまう人が多くいるのも事実です。

「初めてだから安くしよう」と考えてはいけない

オンラインコンサルティングは個別指導なので、いわゆる労働収入になります。あなたの貴重な時間を使うのですから、その価値に見合った価格に設定するようにしましょう。「はじめてだから安くしよう」とか「まだ実績がないから安くしよう」とかいった考え方はよくありません。この考え方はなしにしてください。繰り返しになりますが、コンサルティングの価値は自分で決められます。月に1万円の価値があるコンサルティングだと自分で決めたら、もう自分のコンサルティングの価値は月に1万円なのです。そして、1万円の価値があると考えてくれる人だけが集まります。月20万円と決めたら20万円の価値があるし、月10万円と決めたら10万円の価値になります。そして10万円支払ってもいいと思った人だけが申し込む。このように、価値はお客様が決めるのではなく、自分が決める。これがコンサルティングの大きな特徴なのです。

コンサルティングは安ければ売れるわけではありません。むしろ月１万円のコンサルティングより、月20万円のコンサルティングの方がいい指導をしてくれるような気がするのではないでしょうか。もちろん、払えるお金があることが前提ですが、費用があるなら高い金額のコンサルティングに申し込みたいと思う人もたくさんいます。

私の副業やサイドビジネスのコンサルティングの場合は、３ヶ月で30万から50万、１年間で１２０万円、だいたい月10万円ぐらいの単価で行っています（個人のクライアントさんの価格なので、法人の場合は料金体系が変わります）。中には2年間で３００万円などの料金で受けているコンサルティングもあります。結局は、自分自身がどういうコンサルティングをして、どんな価値を提供できるのかに大きく関係してくるのですが、「けして安売りはしないこと」これだけは気をつけてください。

ただし、高額を請求するならそれだけの価値は必ず出さなければいけません。募集人数は少なくして、お客様一人一人ときちんと向き合って成果を出させるようにしましょう。最初は少人数にしても、余裕があるようなら様子を見て追加していくことも可能です。

コンサルティングの相場

価格をどうしても決められない場合は、1時間1万円以上の時給で考えてください。弁護士などに相談する場合も、1時間1万円くらいの相場になってくるので、それと同じぐらいの感覚です。

1時間1万円といっても、実際には時間外にチャットワークでサポートしたり、LINEで緊急対応したりします。そういった時間外含めてフルサポートしたうえでの1時間1万円なので、そんなに高い金額ではないはずです。

いくら時間外に働いても、「今月は15時間サポートしたので15万円に金額を変えます」というわけにはいきません。労働の全体像を考えて価格設定してください。

[コンサルティングの内容について]

オンラインコンサルティングは基本1時間単位で行います。実際には1時間から少し時間オーバーして長めに行うと満足度を高めることができるので、少し余分にやってあげてください。

回数は月に1回以上は行いたいところです。月に1回では少ないと感じるので、月2回はやっていただきたいと思います。普通のコンサルティング業の場合でも、月1回は会社に訪問してコンサルティングをするのが一般的なので、リモートビジネスでは月2回くらいが妥当ではないかと思います。

チャットワークによる個別相談は無制限に行ってください。セールスの時点で、無制限に質問できますと言ってあげると成約率が高まるからです。

[コンサルティングの期間について]

コンサルティングの期間は必ず明確にしましょう。期間を区切った方がクライアントの購買意欲が増すうえに、いざはじまってからも意欲的に取り組んでもらえます。

「一生コンサルします」ということは現実的にあり得ないわけですから、しっかりと期限を明確にして、「この期間はしっかりと教えます。だからあなたもしっかりと頑張ってくださいね」と伝えなければいけません。

期間の設定は、最低3ヶ月間から半年間、最長1年間が一般的です。ただし、最初のうちは1年は長すぎるので、コンサルティングをやる場合は、3ヶ月から半年間くらいの期間からはじめるようにしてください。

例えば、コンサルティングは3ヶ月にして、その後のチャットワークのサポートは継続して半年間やりますなどの形にしてもいいと思います。こうすると感想も集まりやすいですし、3ヶ月でなかなか達成できなかった人でも半年後に達成できて、顧客満足度が上がります。場合によっては期間延長も個別に考えてあげることもできるので、まずは3ヶ月から半年間くらいの期間からはじめるのがよいでしょう。

【契約書について】

コンサルティングをはじめる前に、クライアントと契約書を交わしてください。「コンサルティング　契約書　テンプレート」などのキーワードで検索すると、書式がいっぱい出てくるので、こういったものを参考にして、コンサル内容に合った契約書を作るようにしてください。契約書を交わす前に本格的な仕事をはじめてはいけません。契約書を交わす前は、オリエンテーションのみという形に留めていてください。

業務内容、報酬、実費、機密保持、同種の事業について、契約期間、協議事項の最低7項目は契約書に必須です。

業務内容は自分が教える内容です。実費の項目には、報酬以外に費用が発生した場合どうするべきかという取り決めを記載しておきます。秘密保持は、コンサルした内容を他で公開しないという約束です。中にはコンサルで教えてもらった内容を全部フェイスブックやユーチューブで言ってしまう人もいるので、きちんと契約で禁止しておきます。

同種の事業の項目を簡単にいうと「コンサルを受けるのは１業種１人だけ」という約束

です。なぜこんな約束をするのかというと、2人の人から同時に教わった場合、成果が出たときに、どちらの人のおかげで成果が出たのかがわからないからです。

他にも問題が起こることも多いので、同業他者のコンサルティングは受けないようにと契約書に書くようにしてください。

協議事項は、何かトラブルがあった場合は、こういうふうにしますという取り決めです。裁判になったときの裁判所は自分の住む地域の裁判所を指定するようにします。クライアント側の裁判所にしてしまうと、もしもの場合遠くにわざわざ出向かないといけなくなります。

契約書の中には、クラウドサイン（https://

クラウドサイン
https://www.cloudsign.jp/

www.cloudsign.jp/）というオンラインで交せる契約書があります。せっかくのリモートビジネスなので、こういうものを活用することも検討してみるとよいでしょう。

05 ― 実際にオンラインコンサルティングを行う流れ

【1回目はオリエンテーション】

契約書を交わした後の最初の回は、オリエンテーションからはじめます。オリエンテーションは、現状を把握するために行うものです。事前にチャットなどである程度の質問をしておいて、さらにZOOM面談でヒアリングをしましょう。

コンサルタントの仕事は、クライアントの現状を把握することからはじまるのですが、同時に問題点を浮き彫りにさせてクライアントに認識してもらうのも大事な仕事です。

例えばあなたがダイエットのコンサルだとしたら、クライアントが太っていることによってどういうリスクがあるのかをわかってもらいます。内臓の病気のリスクもあるだろうし、血管のリスクもあるかもしれません。そういったリスクをクライアントの目の前にさらけ出して認識させ、意識を変化させるのが最初の仕事です。これじゃ駄目だと、変わらなきゃいけないと認識してもらうことが、オリエンテーションの目的になります。

【2回目以降のコンサルティング】

2回目以降は、進捗状況を確認しながら具体的な解決策を提案していくという流れになります。私たちの仕事は、とにかくクライアントに動いてもらう、やってもらうことです。きちんと行動してもらうためのバックアップをいろんな方面から考えていきましょう。それがコンサルティングの仕事です。

例えば、毎回課題を出して、次回までにやってもらうなどの方法があります。そのうえで「わからないことがあればチャットで連絡ください」という感じで進めていきます。

コンサルティングが終わったら、毎回フィードバックをもらうとよいでしょう。これは議事録にもなります。基本的にはクライアントに書いてもらいます。コンサルティングは指導とアドバイスが仕事なので、実務はしないことが大前提です。ですから、このフィードバックの文章もクライアントに書いてもらうというのが、基本的なスタンスになります。

議事録を書く行為は、学習したことを書き起こすわけですからアウトプットに繋がります。つまり、クライアントの学びに繋がりますし、前回こんなことをやったんだという備忘録にもなるので、クライアントには毎回議事録をチャットワークに提出してもらってください。箇条書きで習った内容を数個書いてもらう程度なら、時間はそんなにかかりません。

【コンサルの最後には必ず課題を出すこと】

毎回のコンサルでは課題を出しますが、このときの課題は次回までに達成できる範囲の課題を設定してあげるのがポイントです。盛り沢山で到底できないような量の課題や、難易度の高すぎる課題を出すのはよくありません。達成する成功事例を少しずつ経験させるのが大事なので、やや難しいものの達成できる範囲の課題が望ましいです。そして毎回できたことを褒めましょう。これができたのはすごいですねと褒めてやる気にさせるのが、コンサルティングの仕事です。また、課題は履歴が残るような形で提出、または報告してもらうようにしましょう。なぜなら、後々トラブルになった際に「これだけ教えましたよね」というような履歴を見せなければならなくなるかもしれないからです。同様の対策として、ZOOMでのコンサルティングを録画しておくこともおすすめします。後から「成果がなかった！」とクレームがついたときの証拠になるからです。実は、コンサルティングで成果が出ない場合のほとんどは、クライアントが真面目に取り組んでくれていないケースです。やっていないから成果が出ないというパターンが多いのですが、クライアントはクレームをつけてきます。そういう場合はコンサルした証拠と相手が真面目に取り組んでくれなかった証拠が役立ちます。

コンサルは無形の商品ですから、仕事をした証拠をきちんと残しておくことが大切です。

06 ― オンラインコンサルティングをするうえでの注意点

【コンサルティングは可視化と接触回数が大切】

オンラインコンサルティングは、可視化と接触回数が大事です。可視化とは「見える化」と言い換えることもできます。見える化とコミュニケーション回数に比例して成果が上がるのが、コンサルティングだと思ってください。

進捗はチャットワークやグーグルドキュメントで管理して、常に問題点とその解決策を可視化させましょう。

スマホにチャットワークのアプリを入れて、通知をオンにしておけば、書き込みがあったら通知してもらえます。クライアントが書き込んだらすぐチェックしてあげましょう。アプリの位置も、スマホの1ページ目にしていつでも通知を確認できるようにします。

基本的にチャットワークに通知が届いたら即レスします。即レスで返事してあげると、クライアントの士気が高まりますし、こちらの指示がないとクライアントは何も作業ができなくて止まってしまうのですから、こちらは常に素早く返事をすることを心がけましょう。

【1週間連絡がない場合はこちらから連絡する】

こちらが即レスを心がけても、真面目に取り組んでくれないクライアントもいます。連絡がつかなくなる人もたまにいるのですが、1週間連絡がない場合はこちらから連絡してあげてください。ただし、何度も送って追い詰めてはいけません。

返信が途絶えたりやる気がなくなるクライアントがいた場合に、そこからどうやってやる気を復活させるかがコンサルタントの腕の見せどころです。クライアントの気分が落ちたときも、常に二人三脚でサポートしていくことが仕事なので、一緒に動いてくというスタンスは忘れないでください。

コンサルタントは、マラソンの監督やコーチのようなものです。自転車に乗って横について走っている感覚ですね。常に横について、選手のペースに合わせて、速度を遅くしたり、一緒にスピードを高めていったりします。そしてゴールを一緒に目指していくのです。

いいときも悪いときも一緒に走りながら、コミュニケーションの回数や面談の内容を調整してください。進みの速い人もいれば遅い人もいます。成長速度は人それぞれですから、上からものを言うのではなく、同じ目線に合わせてあげるのがよいコンサルティングです。

【クライアントが法人の場合の注意点】

クライアントが法人の場合は、必ず経営者に申し込んでもらってください。

これは私の経験ですが、とある事業部の部長にコンサルティングを申し込んでもらった際に、上に話が通っていなかったらしく、後々その会社の社長の反対がありました。部長からお願いされてコンサルを引き受けたのに、社長からは「本当に大丈夫なのか？」と否定的な感じでこられてものすごくやりにくかった経験があります。

ですから、コンサルティングで法人契約したいという方がいた場合には、社長から申し込んでもらいましょう。

社長の決裁でお願いした方が、後々のトラブルもありません。

【コンサルティングの内容は必ず録画する】

コンサルティングの内容は必ず録画するようにします。これは、コンサル側とクライアント側双方にメリットがあります。

毎回録画してクライアントに送れば、クライアントは復習に役立ちますし、言った言わないの意思相違があったときの証拠になります。

録画した動画は必ず自分で保存しておいてください。ＺＯＯＭのクラウドへの保存は一定期間がすぎたら消えてしまいます。

また、ユーチューブなどのネットにはアップしないようにしてください。個人情報が流出するリスクがあるので、例え非公開や限定公開にしたとしてもダメです。

自分のハードディスクもしくはグーグルドライブなどの、個人的なクラウドサーバーに保管するようにしてください。

第4章

オンライン講座を立ち上げよう

01 ― オンライン講座とは

【オンライン講座なら自宅や出先でいつでも学ぶことができる】

オンラインコンサルティングが成功したら、次のステップでオンライン講座を立ち上げることを視野に入れるといいでしょう。1対1のオンラインコンサルティングと違い、オンライン講座は複数人に同時に届けられるので、収入にレバレッジをかけられます。

オンライン講座とは、自宅にいながら何かを学べる講座です。受講者は、配信された動画や資料を見ながら、いつでもどこでも学習できます。インターネット環境を活用した通信講座と考えるといいでしょう。昔は通信講座を配信しているのは大手企業ばかりでしたが、インフラの確立によって私たち個人でもオンライン講座を立ち上げられるようになりました。内容は、コンサルティングと同じで幅広いニーズがあります。資格取得などの実績を伴うオンライン講座から趣味やスキルアップまで、幅広いニーズに対応するオンライン講座が出てきています。

【オンライン講座のメリット】

オンライン講座を行うメリットについて考えてみましょう。

受講者（お客様）のメリット

受講者側のメリットは、なんといっても教室などの特定の場所に通うことなく、自宅で本格的な学習ができることでしょう。

また、ネットで気軽に申し込むことができる点も魅力です。一般には出回っていないような個人の成功ノウハウを学ぶことができるところも人気の理由のひとつです。大手企業が作っている通信教育などでは、受講生をたくさん集めるためにどうしても講座の内容が希望人数の多いものに偏ります。一方、個人が作っているオンライン講座は、ニッチなジャンルで、特定の個人の成功ノウハウを学ぶことができる点が魅力になっています。

販売者（あなた）のメリット

販売者のいちばんのメリットは、一度オンライン講座を作ってしまえば、その後の手間がほとんどかからない点です。オンラインコンサルティングの場合、マンツーマンでの対面指導を行わないといけないので、対価を得るために常に労働が必要でした。しかし、オンライン講座は勝手に受講者が学習してくれるのでほとんど手間がかかりません。24時間365日、常に販売でき、売れたら勝手に学習してくれるのでたくさんの顧客を捌くことができます。

いろんなバリエーションのオンライン講座を複数持つことができれば、常に何かしらの講座が売れていく状態を作ることも可能です。労働収入とは違う売れる仕組みができるので、そうなれば寝ていても遊んでいても収益が発生します。つまりコンサルティングに比べると、オンライン講座は収益にレバレッジが効いた状態になるのです。

【オンライン講座のデメリット】

オンライン講座のデメリットについても考えてみましょう。

受講者（お客様）のデメリット

受講者側のデメリットとして、実際に講座を受けてみるまで内容がわからないことが挙げられます。事前調査が不十分だと、不要なオンライン講座を購入してしまうこともあるでしょう。

また、オンライン講座はコンサルティングと違い、自分１人で自発的に学習しなければいけません。教材があっても、やる気がなければ三日坊主になってしまいます。コンサルティングのように励ましてくれる人もいないので、結局は自分のやる気次第で学習成果が著しく変化するのもデメリットかもしれません。

販売者（あなた）のデメリット

オンライン講座のコンテンツ作成は大変な作業です。オンライン講座の立ち上げから販売開始までには、たくさんの時間を費やすことになるでしょう。その間はもちろん、オンライン講座からの収益は発生しません。収入がない状態でオンライン講座を作る作業は強いメンタルが必要になります。

また、オンライン講座で教える手法やノウハウが、場合によっては使えなくなったり、時代遅れになってしまうことがあります。この場合は、新しく作り直さなければなりません。古い内容のまま販売を続けてもいいですが、内容が薄い講座はクレームの対象になってしまいます。

売れるオンライン講座を作るためには、常に新しい情報をインプットしながら、知識をオンライン講座に反映させる必要があります。オンラインコンサルティングを併用して行っていれば、常に新しいノウハウに触れられるので、これを講座にも反映していくといい循環が生まれるのでおすすめです。

【オンライン講座に向いている業種】

基本的には、あらゆる個人の成功体験をオンライン講座にすることが可能です。オンラインコンサルティングと同じで、実績を伴う経営支援やマーケティングから、資格の取得、ダイエット、料理、ペットのしつけまで、様々なジャンルにニーズがあります。これまでと同様、自分の得意分野、成功体験をコンテンツにしていきましょう。

売れるジャンルと売れないジャンルがあるというよりは、売れない場合は切り口の問題であることがほとんどです。オンライン講座でサッカーのシュートの打ち方、パスやドリブルのやり方などを教えている人もいましたし、カブトムシや観賞用エビの飼育方法のオンライン講座もありました。

他では手に入らないようなニッチなノウハウが手に入るのが受講者から見た魅力ですから、ニッチなジャンルで自分らしいオンライン講座の内容を考えてみてください。

02 ─ オンライン講座の提供方法

【オンライン講座で提供できるサービスの種類】

オンライン講座で提供するサービスの種類はいくつかあります。まずはテキスト形式、つまりＰＤＦもしくはグーグルドキュメントの状態で提供する方法です。

解説動画はユーチューブにアップロードして配信しましょう。オンライン講座の動画は基本的に録画したものを配布する形ですが、時折ＺＯＯＭを使ってライブ配信してあげると、講座のクオリティと顧客満足度が高まります。

サポートはメールでしてあげましょう。オンラインコンサルティングではチャットワークを活用してリアルタイムのコミュニケーションをとっていましたが、オンライン講座は不特定多数に向けたサービス提供なので、即レスの必要はありません。メールを使ったサポートが適切です。

【オンライン講座で使うテキストの作り方】

オンライン講座でテキストを作る場合は、グーグルドキュメントを活用すれば作成も共有も簡単です。昔はＰＤＦに変換したり、場合によっては外注業者に頼んだりすることもありましたが、今はグーグルドキュメントを使えばサクッとテキスト資料を作れます。グーグルドキュメントはクラウドで使えるＷｏｒｄソフトみたいなものです。もちろん無料で使えますし、ユーザーがＰＤＦ化してダウンロードすることもできます。

テキスト資料をＰＤＦにすると、情報が変わったときに書き換える手間がかかりますが、グーグルドキュメントの状態で配布すると修正が簡単です。グーグルドキュメントの編集の権限は「自分のみ」の設定にしておけば、お客様は書き換えることができないので安全です。

テキストの書式

テキストには表紙・目次・ページ番号・フッターを入れて、本のように作るようにしてください。フッターには著作権表示を入れます。

テキストもオンライン講座という売り物の一部ですから、見栄えがそこそこ立派な物を作ってみましょう。

見栄えだけでなく、ボリュームも大事です。価格によって異なりますが、最低でも100ページ以上は用意してください。もちろん行間を広げたり、大きな画像を使ったりしてスカスカな状態にしてページ数を稼いでも意味がありません。印刷してテキストを読むお客様もいるので、用紙やインクの無駄遣いにならないよう無駄なページは作らないようにしましょう。

テキストの必要事項

テキストには利用上の注意事項を必ず記載してください。著作物の表記や転載禁止の注意書きです。「このテキストは効果を必ず保証するものではない」という免責事項も入れておきます。特に重要なのは転載禁止の注意書きです。ダウンロードできるデータは便利ですが、その分悪用もしやすくなっています。転売はもちろん、インターネット上にばらまく人もいるので、これらを全て禁止するという内容をしっかり注意書きに記載してください。

【オンライン講座で使う解説動画作成のコツ】

オンライン講座では、ＰＤＦテキストを画面で見せながら解説していきましょう。もしスポーツや料理などの実践しているところを見せるようなノウハウなら、実際に行っている場面を録画して使います。この場合はＺＯＯＭを使うとやりやすいでしょう。ひと昔前は、動画教材の撮影には大掛かりな機材が必要でしたが、今はスマホなどから本当に手軽に撮影できるので、お金をかけずに講座を作成できます。

講座動画をユーチューブにアップして配信したい場合は、動画の設定を必ず「限定公開」の状態にしてください。この状態にすることで、ＵＲＬを知っている受講者しかアクセスできなくなります。

動画のボリュームが大きい場合はテーマごとに区切って、あまり長くなりすぎないように調整してください。いくら学習意欲があっても、2時間も3時間も動画を見つづけるのはさすがに集中力が続きません。お客様の立場になって考えて、だいたい1本30分以内の長さに調節してあげましょう。

解説動画の編集は基本的に必要ありませんが、ユーチューブにアップする場合はサムネイル画像が必須です。サムネイル画像があると、受講者が動画を見つけやすくなり、見栄えもよくなります。

テキストのときにもお話ししましたが、オンライン講座の教材それぞれの見た目にはこだわって欲しいと思います。見た目がしっかりしている教材で学ぶと意識を高く持ってもらえますし、ちゃんとした学習をしているという意欲が生まれます。これが顧客満足に繋がるので、こういうところはしっかりと押さえていきましょう。

動画撮影時にはアングルにもこだわってみてください。1つのアングルだと視聴者が飽きるので、たまに共有画面を停止して、自分を大きく写すなど映像に動きをつける工夫をしてあげます。

[ライブ配信でオンライン講座のクオリティをさらに高める]

オンライン講座にもＺＯＯＭを使ったライブ配信をたまに取り入れると満足度や理解度が高まります。頻度は月に１回くらいで大丈夫です。例えば毎月１回、最新情報を盛り込んだ補足勉強会などを開くという感じで行ってみてください。

ライブ配信の目的は、受講者の実践度や進捗状況を把握するためです。そこで新たな悩みを聞き出して、授業に加えてもいいと思います。講座をブラッシュアップするための貴重な意見ですから、どんどん取り入れましょう。

ライブ配信は普段一人で学習している受講者のモチベーションアップにもなり、満足度も高まります。

もしクロスセル・アップセル商品がある場合は、ライブ配信中に告知すると効果的です。オンライン講座を受けている人たちに、コンサルティングやオンラインサロンの紹介をすると、高い確率で興味を持ってもらえるでしょう。

【オンライン講座の満足度を高めるサポートのやり方】

サポートは顧客満足度を高める必須アイテムですから、オンライン講座でも個別のサポートを受けつけてください。もらった質問の内容は、全体に公開してあげましょう。他にも同じような悩みを持っている人の役にたちます。

サポート方法はメールを推奨しますが、ＬＩＮＥビジネスアカウントも使いやすいです。ビジネスアカウントは、プライベートのアカウントとは別に持てるＬＩＮＥアカウントです。登録者全員に一斉送信もできますし、個別でのやりとりも可能です。

ただ、ＬＩＮＥは長文が読みにくいデザインになっているので、ＬＩＮＥでは簡単な質問にだけ回答するなどの使い分けが必要になります。ただし、ＬＩＮＥの音声通話機能は使わないようにしてください。つまり、電話でのサポートはしてはいけません。

なぜなら、それをやってしまうとオンラインコンサルティングとの差別化が難しくなるからです。

講座でも手厚くサポートしてしまうと、誰もコンサルティングに申し込んでくれなくなります。オンライン講座でもサポートは大事ですが、コンサルティングのサポートと同じではなく、回数を限定する、メールもしくはＬＩＮＥのみにするなどの線引きをしましょう。

03 ─ オンライン講座の集客とセールスのポイント

【オンライン講座の集客は人柄よりも内容重視を意識】

オンライン講座の集客では、人柄よりも講座内容が重視されます。コンサルティングを売るためには人柄が大事だという話をしましたが、オンライン講座にはこれは当てはまりません。

オンライン講座は内容重視なので、ボリューム満点で「この価格でこの量はすごい！」と思ってもらえる量を用意して、お得感を打ち出していきましょう。

もちろんクオリティも大事ですが、ボリュームによって満足度が左右される場合が多いので、例えば「３００ページのマニュアル」のようなわかりやすいボリューム感が喜ばれます。

オンライン講座のセールスのためには、ＳＮＳでも講座内容を意識した投稿をすることが大事です。毎回毎回講座の内容を意識した投稿をすると、営業っぽくなってしまうので難しいところではありますが、日々の投稿の中に知識を織り交ぜて、「こういう講座もやっています」というようにアピールしてみましょう。

【集客するターゲットは自分よりもできない人・知らない人】

オンライン講座で狙うべきターゲットは、自分よりもできない人や未熟な人です。オンラインコンサルティングではとにかく初心者をターゲットにしていましたが、オンライン講座の場合は必ずしも初心者である必要はありません。自分よりも経験や知識が浅い人であれば大丈夫です。

例えば、「副業で100万円稼ぐオンライン講座」の対象者は副業で100万円稼げていない人です。必ずしも初心者でないといけないわけではなく、30万円稼いでいる人でも50万円稼いでいる人でも構いません。

自分よりできる人はたくさんいますが、そこをターゲットにせずに、自分より少し下のラインを狙いましょう。

［オンライン講座のセールスレターについて］

オンライン講座のセールスレターでは、とにかく講座内容を詳細に書くことが大事です。コンサルティングは人柄重視でアピールしてきましたが、オンライン講座は中身が見えないからこそ、ボリューム満点のテキストと解説動画を用意して学べる環境を提供していることをわかりやすく伝えましょう。

こういう内容を用意していますよ、皆さんが学べる環境が整っていますよとアピールします。あとはサポートの内容や受講者の感想も忘れずに伝えましょう。

オンライン講座のセールスレターで一番大事なのは、「オールイン・ワンパッケージになっている」ということをわかりやすく伝えることです。

講座の中には、テキストから動画からライブ配信からサポートまで全てが盛り込まれているので、これさえ手に入れれば安心ですよというところを伝えましょう。

そうすれば、安心して申し込んでもらえます。

【オンライン講座のセールスメールに書くこと】

オンライン講座を売り込むためのセールスメールは、どんなシナリオで作ればいいのでしょうか。そもそも、オンライン講座はコンサルティングや無料オファーで集めたメールアドレス（リスト）に送ります。つまり、興味を持ってくれている人へのセールスメールになります。

ステップメールでは、オンライン講座の各章ごとにどのような内容になっているかを伝えます。各章の内容に加えて、それをどういう目的で、どういう気持ちで作ったのかを伝える形にすると、あなたの人となりも一緒に伝えることができます。

具体的には自分が作った講座の中で力を入れたポイントなどを書き、Q＆Aを掲載して不安を解消していきます。もちろん参加者の感想も盛り込んでください。最初のうちはオンライン講座の受講者がいないので感想を載せることができませんが、その場合はモニターとして数人に見てもらって感想を書いてもらう形にしてもいいと思います。

そして、ここでも3つの限定を活用しましょう。募集人数の制限や募集期限を設けて背中を押してあげます。

04 ─ オンライン講座の価格の決め方

【オンライン講座の販売方法】

オンライン講座には3つの販売形式があります。1つ目は買取型で2つ目は月額型です。そしてその2つをミックスした買取月額型があります。

買取型

買取型は、一度の購入で全てのテキストや解説動画を配布する方法です。つまり受講者は一括でお金を払って講座を購入します。

買取型は一度で決済が完了する最もシンプルな形なので、成約率が高くなります。購入する側としては月額で毎月支払うよりも、1回の購入で済む方が心理的なハードルが低いからです。

ただし、1回で決済するからこそ、高額の講座の購入を躊躇してしまう人も多いです。高額の場合は分割決済を導入してあげないと、敷居が高くなってしまう点に注意します。

月額型

月額型は、毎月課金してもらい、教材を小分けにして配布する方法です。「サブスクリプション型」とも呼ばれます。

毎月課金してもらうパターンもありますが、回数が決まっているパターンもあります。例えば全6回などの形で配布する方法です。

この月額型は、販売者にとって毎月安定した収益を得られるメリットがあります。さらに月額型は受講者との接触機会が増えるので、バックエンド商品の成約率も高くなります。受講者側としても、気に入らなかったら2ヶ月目以降解約すればいいので、買取型よりも講座が気に入らなかったときのリスクが減ります。

逆に言えば、月額型には気に入られなければすぐに解約されてしまうというデメリットがあるということです。販売者は継続してもらうための様々な工夫が必要でしょう。来月はこういうコンテンツをご紹介しますとか、来月はこういう特典を用意する予定ですなどの告知に力を入れて、内容も最新情報にブラッシュアップしていく必要があります。

買取月額型

買取型と月額型をミックスしたのが買取月額型です。これは初月に入会金を支払ってもらい、翌月から月額を支払ってもらう方法です。回数は決めている場合が多く、例えば、教材代として最初に数万円払ってもらい、翌月からは数千円の月謝で月額でサポートしていく（全10回など）というような形になります。

最初にテキストや解説動画を配布しているので、それで受講者に勉強してもらいつつ、毎月勉強会などを開催していくスタイルです。

販売者側から見た買取月額型のメリットは、入会金の大きな売り上げが発生することです。収益回収が早いので、収益を事業投資に回すことができます。

初回の売り上げに加え、毎月の収益も安定するので収益の面で言えば、買取と月額のいいところ取りになります。

もちろんデメリットがないわけではなく、ユーザーにとっては最も負担が大きいパターンになるので、成約率は一番低くなります。

買取月額型での契約は、講座の魅力が高くないと難しいです。いかにユーザーに契約してもらい、継続してもらうかを考えて工夫しなければ、契約してもらえません。とはいえ、それをやるのが私たちの仕事ですし、やりがいがある仕事になります。

［どの集金方法が一番儲かるのか］

結論から言うと、買取月額型が最もＬＴＶ（ライフタイムバリュー・顧客生涯価値）を高めることができます。ＬＴＶとは、１人のお客様が生涯で自分のサービスに支払ってくれる総額のことです。売り上げを立てるためには新規顧客を集めるのが必須ですが、新規顧客の獲得は時間とコストがかかります。一方でＬＴＶをしっかり高めていけば、少ない人数でも売上を最大化できます。ＬＴＶを高めるという視点でオンライン講座の販売方法を考えたときは、買取月額型がいちばん優れていると言えます。

［オンライン講座の最適な価格と支払回数について］

どの販売方法にするかは、オンライン講座の値段も参考になります。

買取型

買取型の理想の価格帯は、次の通りになります。

- 低価格講座……1000円から1万円程度
- 高額講座……2万円から10万円

買取型では、高額の場合でも2万円から10万円のレンジにします。このあたりが一括で購入してもらえる上限の金額だからです。高額の講座にはクレジットの分割を導入します。エキスパには分割の設定もあるので安心です。

月額型

月額型の理想の価格帯は、次の通りになります。

- 1回あたり……5000円から1万円程度

月額型では、毎月の負担にならないように、1回につき5000円から1万円程度の価格帯が理想的です。スポーツジムや習い事の月謝もこれくらいの金額になることが多いので、月謝としてはよくある価格帯です。

月額型の決済回数は、全10回のような形で最初に決めておくのが無難です。終わりが見えないと退会率が高くなってしまうので、最初から全12回、全24回のように回数を決めておきましょう。全12回くらいが売り上げを保ちつつ、会員継続率が長く維持できます。

買取月額型

買取月額型の理想の価格帯は、次の通りになります。

- 初回購入時……3万円から10万円
- 翌月から1回あたり……5000円から1万円程度

初回購入時の価格は3万円から10万円のレンジが相場になります。インターネット上の私塾などもこの価格帯が多いので、オンライン講座に慣れている人には抵抗が薄い価格帯です。月額費用は月額型と同じく1回あたり5000円から1万円くらいを想定します。こちらも支払い回数を決めておきましょう。

オンラインコンサルティングの場合は自分で価格を決めていいと言いましたが、オンライン講座の場合は受講者ができるだけ無理なくストレスなく申し込める金額にする方が成約率が上がります。比較的安価な設定にしてあげてください。

高額になる場合は、その分内容を濃くしたり、サポートを手厚くしてあげたりするなどの対策をしましょう。

例えば買取型で30万円するような商品を販売するなら、販売後のサポートを6ヶ月続けるなどの工夫が必要です。高額にする理由をわかりやすく説明して、できるだけクレームが起こりにくいような状況を作ってください。

05 ― オンライン講座の注意点

【オンライン講座の満足度を高めるコツ】

月額型のオンライン講座は、満足度が高くないとすぐに解約されてしまいます。買取型でも満足度が低いとクレームの原因になるので、顧客満足度を高めることは大事です。

満足度を上げるコツ① 購入者の声を把握する

オンラインコンサルティングは常にマンツーマンで接しているので、満足度を高めるのが比較的簡単でしたが、オンライン講座はそうではありません。教材を渡して自分で学習してもらうので、お客様の声を把握するのが難しいという特徴があります。

定期的にアンケートを取るなどの方法で、購入者の声を聞くようにしましょう。

お客様の不満は、こちらが真摯に受け止めて批判を聞く姿勢を持っていれば、炎上までは行かないことがほとんどです。常にお客様に寄り添う姿勢を見せるためにも、定期的にアンケートを取って「いかがでしたか？」と意見を聞いてあげてください。

満足度を上げるコツ②達成者の声をインタビューする

オンライン講座で受講した人の中で結果を出した人が出てきたら、達成者の声を全員にシェアしてあげましょう。達成者にライブ配信に出演してもらってインタビューするのもおもしろい方法です。それを見た達成者以外の受講生のモチベーションがアップしますし、受講者全体の満足度も高まります。

満足度を上げるコツ③テキストはバージョンアップして無償で配布する

講座内容を更新した場合は、バージョンアップしたものを常に無償で配布してあげましょう。買取型でも月額型でも同じです。例えば1年後に大幅にバージョンアップしたとしても、1年前に買った人にも配ってあげるべきです。これは満足度を高めるためでもありますし、次の商品をセールスするときにも購入率のアップにつながります。

満足度を上げるコツ④　個別サポートの返信は翌日までに

個別のサポートは翌日までに返信しましょう。質問を投げたのに3日も4日も回答がない状態なら、満足度は低くなってしまいます。即レスの必要はありませんが、翌日の対応は必須です。

【オンライン講座の売上をさらにアップさせるテクニック】

特に買取型の場合、一度オンライン講座を購入して貰ったらそこで関係性が終わってしまいがちです。そうならないように、次につなげるアクションを取っていかなければなりません。オンライン講座の教材の動画やテキストの最後には、オンラインコンサルティングやオンラインサロンなどの別サービスへの案内を入れるようにしましょう。

つまり、アップセルとクロスセルを仕掛けるということです。

しつこいかもしれませんが、各講座のラストに毎回入れましょう。その際、「こんなにもしつこくお知らせするのは、参加した方がより実践度が高まり、成功に近づくからです」と説明します。

クロスセル商品の販売

ＬＴＶ（顧客生涯価値）を高めるためのクロスセル商品は、オンラインコンサルティングやオンラインサロン以外にも様々な商品が考えられます。特に、合宿などの開催はおすすめです。

私のオンライン講座でも、合宿を行ったことがあります。実際に1泊2日でホテルに泊まり込んで合宿をし、一緒にＷｅｂサイトを作りました。これはすごく好評だったので、定期的に開催していました。

他にもダイエットや筋トレの講座を販売しているなら、有名講師を招いて1日限りのセミナーやワークショップを開くのもおもしろいかもしれません。

有名な方をゲストに招いてセミナーを開催する場合、ゲストのギャラはセミナー参加費の売上の30％くらいを想定するといいでしょう。

1万円の会費で30名の参加者を集めたら、30万円の収益になります。そのうちの30％にあたる9万円くらいをゲストにギャラとして支払いましょう。

ゲストは自身のブランディングになり、主催側としても顧客満足度を上げられる。まさにＷＩＮ-ＷＩＮの関係なので、こういうやり方も覚えておくと使えます。

［クレームが来た際の対処法］

そもそもクレームの9割は期待の裏返しです。こんなはずじゃなかったという気持ちがクレームに変わるわけですから、親切丁寧に対応してあげてください。

クレームはかなり感情的な文章で届きます。こちらもついつい感情的に返信してしまいがちですが、冷静な対応を心がけてください。真摯に受け取り、冷静な対応をするようにしましょう。

どんなによいオンライン講座を提供しても、クレームは必ず来ます。クレームに対して親切丁寧に対応すると、そのマイナスパワーがプラスに変換されることも多く、ひとつのクレームを解決したら、3人のお客様を連れてきてくれることもあるくらいです。クレームが来たらチャンスと思うくらいの気持ちで対応してください。

クレームにはできるだけ即レスするようにします。すぐに回答できない場合は、回答日を明記して、まずはクレームを受け取ったという連絡だけはしておくとよいです。

クレームがエスカレートして脅しにまでなってしまった場合は、返信の必要はありません。返信せずにすぐに内容を保存して、弁護士と警察に相談してください。

脅迫などの内容はキャプチャーなどの方法で証拠を保存します。もちろん、現物も消さないようにしましょう。下手に反論をすると変な方向に動くこともあるので、むやみに反論せずに内容を保存し、速やかにプロに相談するのがよい方法です。その際、脅された証拠は消さずに残しておくようにしてください。

【オンライン講座の返金・キャンセル規定について】

オンライン講座の購入者から返金の依頼が来た場合は、内容を精査して慎重に取り扱いましょう。

場合によっては返金に対応することもあるので、最初に返金規定を決めておくことが重要です。ただし、無茶な返金要請に応じる必要はありません。このあたりはケースバイケースなのでその都度判断し、迷った場合は弁護士などに相談するのも手です。

返金トラブルを避けるために、販売時の注意書きには「成果を保証するわけではない」という内容を明記しておきましょう。誤解を招く言動はもちろんしないようにして、セールスレターにも「必ず成果が出る！」というような誇張表現は使わないようにしてください。

全額返金保証をあえてつけるテクニック

売上を最大化するテクニックとして、全額返金保証をつけるというテクニックがあります。最初から返金する目的で申し込む人も一定数出てくるので諸刃の剣でもありますが、内容に自信があるなら全額返金保証をつけることで購入してもらいやすくなります。

第5章

オンラインサロンを運用しよう

01 ー オンラインサロンとは

【オンラインサロンなら気の合う仲間と一緒に刺激しあえる】

これまで、オンラインコンサルティングとオンライン講座のお話をしてきました。それぞれ違った稼ぎ方ができることがわかってもらえたと思いますが、この第5章では、オンラインサロンを提供するお話をしていきます。

オンラインサロンとは、ネット上で情報を共有できる有料のコミュニティのことです。無料のオンラインサロンもありますが、リモートビジネスで行うサロンは有料のものになるので、本書では、有料のコミュニティをオンラインサロンと定義づけます。

オンラインサロンには、共通の趣味や目的を持つメンバーが集まるので、自然と参加者の属性が似てくるという特徴があります。メンバーだけの限定された有料コミュニティなので、参加者に一定の質が保たれて、盛り上がりやすい空間になります。

例えばダイエットや筋トレのオンラインサロンがあったとします。この中のメンバーは皆、ダイエットや筋トレに興味があって、自分の体のコンディションをよくしたいという目的があります。同じ目標を持っている人たちの集まりなので、刺激し合い、アドバイスし合うような、前向きな空気を持ったグループになります。

オンラインコンサルティングやオンライン講座は、こちらが教えてあげる立場でしたが、オンラインサロンは主催者側も成長できる仕組みになっています。ぜひ、リモートビジネスの一環としてオンラインサロンを作ってみてください。

【オンラインサロンのメリット】

オンラインサロンにはどんなメリットがあるのでしょうか。参加者側と販売者側両方の視点から見てみましょう。

参加者（お客様）のメリット

参加者にとって、共通の趣味や目的を持つメンバーと交流できることがいちばんのメリットになります。ニッチなジャンルの場合、同じ目的を持つ人が自分の生活圏内にいないことが多いですが、オンラインサロンならネットを通じて日本全国に仲間ができ、人脈も広がります。

オンラインサロンの料金形態はほどんどの場合が月額制なので、やめたくなったらいつでもやめられる気軽さも魅力です。

販売者（あなた）のメリット

オンラインサロンの性質上、参加者自身が盛り上げてくれるという点が、販売者から見て最大のメリットでしょう。販売者自ら表に立って盛り上げなくても、メンバー同士で仲良くなって勝手に盛り上がってくれることがよくあります。もちろん、そこまでの過程は必要ですが、その状態にまで持っていくことができれば、運営はものすごく楽になります。

オンラインコンサルティングやオンライン講座では、自分のコンテンツをメインに出し、それが価値を生むわけですが、サロンはコンテンツよりもむしろ盛り上がりに価値を感じてくれる人が多いです。その盛り上がりをメンバーが作ってくれるので、うまく回ればノウハウも蓄積されていき、非常に価値が高いサロンになります。

月額制なので、継続的な収益が見込める点も魅力的です。メンバーの満足度が高いとずっと長期間会員でいてくれますし、口コミで広げてくれるようにもなります。自然に拡散されて広まるという、理想的な形になっていきます。

【オンラインサロンのデメリット】

いいことずくめに見えるオンラインサロンですが、もちろんデメリットも存在します。これも、参加者側と販売者側両方の視点から見てみましょう。

参加者（お客様）のデメリット

参加者にとっては人間関係の悪化が最大のリスクになります。同じ目的を持った仲間と言えど、気の合わない人間はどこにでも存在します。最初はよくてもだんだんと気が合わないメンバーが出てきて、ときには対立してしまうこともあります。

他には、メンバー同士がオンラインサロン内でビジネスに勧誘し合ったりセールスをされたりなどのトラブルもあります。

人間関係以外にも、サロンの内容についていけずに置いていかれたような気持ちになってしまう参加者もいます。とはいえ、嫌になれば辞めてしまえばいいので、特に大きなデメリットではないかもしれません。

販売者（あなた）のデメリット

参加者のデメリットはさほど大きくない一方で、販売者には大きなデメリットが存在します。

まずは、オンラインサロンが盛り上がらないリスクです。オンラインサロンを立ち上げるのは難しくありませんが、盛り上がらないとどんどん人が辞めてしまいます。サロン生同士が密に繋がるのがオンラインサロンの大きな特徴ですから、１人が辞めたら私も私もという形で広がってしまう危険性があります。

メンバー同士の派閥や揉め事も起こります。古株が新しく入った人に上からアドバイスしたなどの些細なことで争いは起こってしまいますし、それに対応するのはもちろん販売者であるあなたです。

メンバー同士の揉め事やクレーム対応にかなりの時間を使ってしまうかもしれません。

オンラインコンサルティングやオンライン講座では参加者同士の揉め事はあり得ないの

で、これはサロン特有の悩みになります。

【オンラインサロンに向いているジャンル】

オンラインサロンは、基本的にどのジャンルでも開設可能です。オンラインサロンといえばビジネスジャンルを思い描く人が多いでしょうが、趣味ジャンルのサロンもたくさん存在します。

儲かるとかビジネススキルが上がるなどの実益を伴わなくても、趣味の合うもの同士が楽しめる、社会人サークルのようなコミュニティの需要は高いです。

ただし、本当にただのほほんと趣味の集まりにしてしまうと脱退率が高くなるので、何かしらの付加価値、例えば継続する仕組み作りだったり、スキルアップを支援してみたり、何かしらのゴール設定をして、満足度を高めてもらうとよいでしょう。

趣味でも実業でもどんなジャンルでも、コミュニティのレベルごとにゴールを設定して、そこに向かってみんなで頑張っていこう！　という雰囲気を作ってあげることが、オンラインサロンを運営する側の役割なのです。

ゴールがあり、そこに向かって行動する人が集まるコミュニティを作ることを意識してください。

例えば、ヨガのオンラインサロンだとしたら、リモートでヨガのレッスンをして、みんなに参加してもらうなどの方法がよいでしょう。だんだんとスキルアップできるような仕組みを作りましょう。

参加者同士の繋がりを強くするため、コミュニティ内でアドバイスし合ったり、ビジネスなら一緒に協力して何かを成し遂げるなどの方法もいいですね。

料理ならレシピを公開し合う、かわいいキャラ弁の作り方を参加者同士でレクチャーし合うなど、参加者同士で盛り上がる方法を考えることができれば、オンラインサロンはどんなジャンルでも成功できます。

ぜひ、自分のビジネスに合ったオンラインサロンを考えてみてください。

02 ー オンラインサロンの提供方法

［環境と目的を提供する］

オンラインサロンでは、ノウハウやコンテンツよりも環境と目的を提供します。つまり学んだり、交流したりする「箱」を用意するのがあなたの役目になります。すでにお話ししましたが「ゴールを設定する」ということですね。これはオンラインコンサルティングやオンライン講座のゴールとは違います。オンラインサロンの楽しみ方はサロン生次第です。あなたはサロン生が「ここにいたい」と思ってくれるような箱を用意しましょう。

箱はどこに作るのか

オンラインサロンはどうやって作ればいいのでしょうか。いちばんおすすめする場所はフェイスブックグループの秘密コミュニティもしくは限定グループです。会員しか入れないグループを作り、そこに自由に書き込んでもらいましょう。

ＬＩＮＥのオープンチャットなどでもいいと思います。どちらにせよ、一般には公開されない場所でコミュニティを作りましょう。

フェイスブックグループには「秘密のコミュニティ」という機能があります。秘密のコミュニティの特徴は、参加メンバーが外部からわからない設定にできることです。オンラインサロンは、この参加メンバーが外部からわからない設定にした秘密のグループで行うのが一般的です。フェイスブックグループの限定公開という機能でもオンラインサロンは作れますが、この機能だと、外部から誰が参加してるかがわかってしまいます。もちろん、書き込みの中身まではわかりませんが、誰が参加しているかまではわかってしまうので、できれば秘密のコミュニティを使う方がよいでしょう。

ＬＩＮＥのオープンチャットもオンラインサロンに適した限定グループになります。通常のＬＩＮＥグループだと、参加者同士に横の繋がりができてしまい、参加者同士で繋がって面倒が起こることもありますが、オープンチャットなら普段のアカウントとは別の名前を設定できます。フェイスブックは本名を使用するので、匿名で参加できるＬＩＮＥのオープンチャットの需要は高いといえます。

ＬＩＮＥオープンチャットやフェイスブックグループを使わずに、独自の掲示板などを用いてオンラインサロンを作ろうとする人もいますが、システム構築などの手間やバグなどもあるのでおすすめできません。

基本的には、フェイスブックグループとＬＩＮＥオープンチャットで十分だと思います。

大事なのは場所よりも中身

オリジナルの掲示板を作るなどの場所にこだわるよりも、オンラインサロンの中でどんな価値を提供するかを考える方が大切です。

オンラインサロンでは、目的の設定が大事です。目的を与えて、ゴールに向かって突き進んでいく場所がオンラインサロンなので、何をするところなのか、何に向かって活動していくのかという目的をはっきりさせてください。

具体的には、レベル別に達成目標を決めるといいでしょう。参加メンバーは初心者から中級者まで様々な人がいるので、それぞれの目的別、レベル別に目標値を設定してください。

例えば、筋トレのオンラインサロンならベンチプレスの重量で区切ってもいいですし、体脂肪率で区切ってもいいですね。

フェイスブックグループの中に小さなグループを用意して、レベル別に目標設定してみましょう。

イメージはロールプレイングゲームです。ドラゴンクエストやファイナルファンタジーのように、フィールドがあって、そこに敵がいて、それを倒すというイメージでオンラインサロンを作りましょう。仲間たちをオンライン上で集めて、みんなで共通の敵を倒しにいくという感じですね。そうすれば、特別な達成感や連帯感が生まれます。

【オンラインサロンで盛り上がる環境の作り方】

では、一体どうやってその環境を作ればいいのでしょうか。オンラインサロンでは運営者がネタを提供しますが、主役はメンバーです。逆に言えば、メンバーが主役になる環境を作らなければいけません。書き込みやコメントや報告が活発に行われるような環境を作るのが、サロンオーナーであるあなたの仕事です。

環境作りの第一歩は、コメントを促すことです。新メンバーが参加したら自己紹介してもらいましょう。そしてサロン生にはその投稿にコメントしてもらいます。自己紹介にたくさんコメントがつくと嬉しいですから、その人は今後も他の人にコメントするようになります。

そういうみんなが投稿しやすい空気を作って、気軽に投稿してもらいましょう。目的に対する近況も積極的に投稿してもらいます。目的達成までの道のり、「今こういうことをやっています」とか「これを今やりました」とか、小さな報告はもちろん、「これをやるために目標に向かって頑張ります！」などの宣言もサロンを盛り上げてくれます。サロンが盛り上がるような前向きなコメントで溢れる空間を作ってください。

オフ会やイベント企画などをメンバーで考える

サロン生が参加できるオフ会やイベントを企画しましょう。最初はあなたが企画を考えてもいいですが、慣れてきたらメンバーに企画を立案してもらいます。企画だけでなく、主催もメンバーにお願いしてみましょう。リーダーを指名して、その人に率先して動いてもらうとサロンは次のステージに進んでいきます。オンラインサロンが勝手に動いていくようなイメージです。みんなで盛り上げているという意識がサロン生全員に生まれたら、サロンはどんどん強くなっていくでしょう。

部会を作る

オンラインサロンの中に部会を作ってみましょう。これはサロンの中の部活のようなものです。オンラインサロンの中にさらに小さなコミュニティを作って、さらに深い人間関係を作ってもらうとよいでしょう。もちろん、部会の管理人もサロン生にやってもらいます。オンラインサロンは、会社組織を作っていくのに少し似ている部分があります。自分がひとりでトップを走る形では、うまく回りません。強いリーダーシップで牽引してもいつか飽きられます。大事なのはオンラインサロンが円滑に回って盛り上がることです。そのためには主催者が一歩後ろに下がって、サロン生にリーダーシップを取ってもらうことも必要になってきます。

雑談ルームを作る

部会の他に、本来の目的に関係ない雑談ルームを作っておきます。ざっくばらんに世間話などができる場所です。そういう場所があれば、特に書き込むことがないときでも覗いてみようかなという気持ちになります。サロン生が居心地よくいられるような雑談ルームがあると、サロンの稼働率が高まります。

【継続してもらうための目的設定方法】

サロンを継続してもらうためには目的設定が必要になります。この目的についてもう少し深く考えてみましょう。

マズローの５段階欲求をご存知でしょうか。アメリカの心理学者であるマズローは人間の欲求は５段階あると提唱しています。次ページの図のように欲求はピラミッド型になっていて、下段の欲求が満たされたら次の欲求に向かうという考え方です。

欲求は、下から生理的欲求、安全欲求、社会的欲求、承認欲求、自己実現欲求という順番になっていて、人間はこの欲求を順番に満たしたくなるのだそうです。

生理的欲求とは生きるための欲求です。食べることや寝ることなどの基本的な生物の欲求はここになります。これが満たされると人間の意識は次の安全欲求に移っていきます。安全欲求とは、危険のない安全な生活を手に入れたいという欲求です。

ここまでは既に持っている人が多いのではないでしょうか。問題は次からです。次からの欲求をオンラインサロンで満たしてあげるのがサロンオーナーとしてのあなたの仕事です。

社会的欲求を満たす

社会的欲求は、所属しているコミュニティの仲間と一緒に、共通の目的に向かって行動することで満たされます。

子供の頃、運動会で紅組白組にわかれて頑張ったとき、達成感で満たされた経験があるかもしれません。そこで満たされた気持ちが

● マズローの五段階欲求

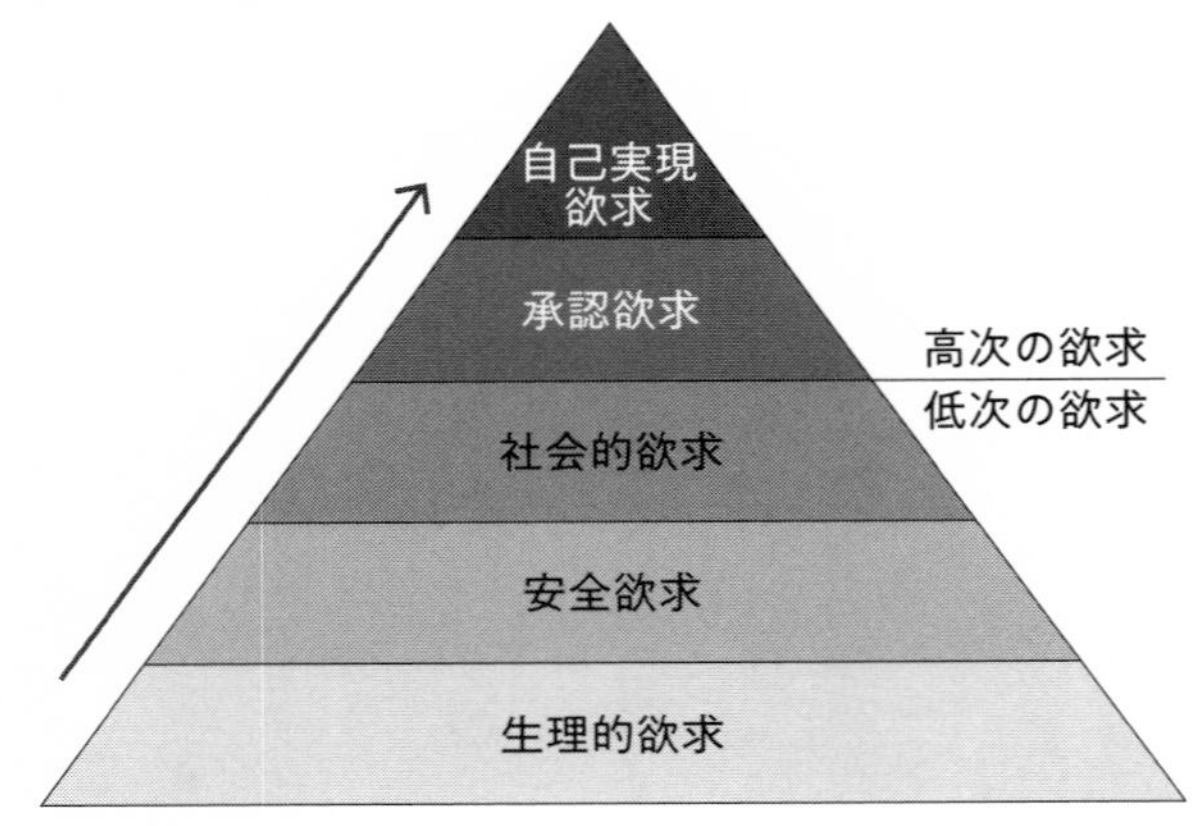

社会的欲求です。仲間と一緒に目的に向かって行動することで、自分は孤独ではないという気持ちになります。

オンラインサロンでコメントの投稿を推進するのはこの欲求を満たすためです。コメントで励まし合ったりねぎらったりしていると、社会的欲求が満たされます。

承認欲求を満たす

承認欲求とは、満たされたい気持ちです。人には認めて欲しいという欲求が必ずあります。これをオンラインサロン上で満たしてあげるにはどうしたらいいでしょうか。まずは、運営者自らがサロン生を認めてあげて、ねぎらってあげましょう。頑張りを見てもらえているということが承認欲求を満たします。

自己実現欲求

自己実現欲求とは、自分の能力や可能性を最大限発揮したいという欲求です。ゴールや目的を達成したメンバーを表彰する制度を作るといいでしょう。表彰されると、承認欲求と同時に自己実現欲求も満たされます。

オンラインサロンでは、承認欲求と自己実現欲求が満たされたメンバーは、次第にリーダー的な存在になっていきます。オンラインサロンを引っ張ってくれる力強いメンバーになってくれるので、そういうメンバーをたくさん作っていきましょう。

【オンラインサロンでのサポートについて】

オンラインサロンは長く継続すればするほど、サロン生が主体的に動くようになり、主催者は地味な存在になっていきます。主催者の主な仕事はサポートなどの補助的な役割になっていくでしょう。

いちばん望ましいのはメンバー同士がサポートし合える環境です。何か質問が書き込まれたとき、主催者が答える前にメンバーが回答するような形が理想的です。

サロンは毎月新人が入ってくるからこそ、同じような質問が何回も届きます。そういうときにメンバーが助言する文化ができていると運営が楽になります。

質問がある場合は、基本的にコミュニティ内で公で質問してもらうようにしましょう。

もちろんプライベートな質問や人間関係の悩みなどは個別で受けつけてもいいと思いま

すが、サロンの使い方などのみんなが知りたいような質問は、あとで別の人も検索できるような形で残しておいた方がよいからです。

03 ─ オンラインサロンの集客とセールスポイント

[集客はメンバーみんなで行うのが理想]

オンラインサロンの集客とセールスのポイントは、これまでのオンラインコンサルティングやオンライン講座とは少し違います。

もちろん、最初は自分でオンラインサロンの集客をしなければいけませんが、コミュニティが盛り上がればだんだんメンバー自身が集客してくれるようになります。

サロン生がオンラインサロンを居心地がいい場所だと感じてくれたなら、「このコミュニティをもっともっと多くの人に広げたい」と思うようになります。

つまり、サロン生にそう思ってもらえるようなコミュニティを作るのが集客の近道になるのです。

運営者よりもメンバーの手でサロンを広げていくのが、オンラインサロンの正しい集客と言えるでしょう。

エキスパのアフィリエイトプログラムを使えば、紹介してくれたサロン生に成果報酬を支払うシステムが作れます。例えばオンラインサロンの価格に対して、10%〜20%くらいのアフィリエイト報酬をつけてあげると、さらに積極的に紹介しようと思ってもらえるでしょう。

無償で行ってもらうのもいいですが、金銭的なメリットが出る形にしておけば、皆が幸せになる理想の形になります。

【集客するターゲットは友達や仲間】

オンラインサロンで集客するターゲットは、これまでのように初心者や無知な人のようなセグメントで決めるのではありません。

オンラインサロンで狙うべきターゲットは、サロン生の友達やフォロワーなどのサロン生に近い人です。

オンラインサロンは、同じような人が集まった方が盛り上がります。類は友を呼ぶということで、全然知らない人が入ってギスギスするよりも、友達の友達や知り合いなどの近しい関係の人が集まった方が盛り上がりやすいのです。

運営者の権威性について

オンライン講座では講師と受講生という関係を構築しましたが、オンラインサロンはみんなで行動して、楽しみながら頑張っていく、成長していくという形になります。だからこそこれまでとは集客のやり方が変わってくるのですが、オンラインサロンの運営者には今まで以上に強力なブランディングが必要です。

「こんなにすごい人がやってるんだ！」とアピールできれば、メンバーが友人にセールスするときのポイントにもなるからです。

【オンラインサロンのセールスレターで伝えること】

オンラインサロンのセールスレターに盛り込むべきポイントは、とにかくよい環境だとアピールすることです。これは何度も言っていますが、楽しく成長できる環境であることが、オンラインサロンの最大の魅力です。ですから、そこをセールスレターでも大いにアピールする必要があるのです。

人間の成功は環境で決まると言われています。私はシンガポールに住んでいますが、子どもたちは英語を喋れるようになっています。日本の学校に通っていたら、こうはいかなかったでしょう。シンガポールの学校に通ったからこそ、英語が上達したわけです。子どもたちが英語を喋れるかどうかを決めたのは環境の違いだけです。

とにかくいい環境であること、楽しみながら成長（スキルアップ）できることをセールスレターに盛り込むようにしてください。

ノウハウをアピールするのもありですが、それよりも達成してる人がたくさんいること、参加してる人が楽しんでいること、イベントや企画があってとても楽しいことなどを伝えていきましょう。

【オンラインサロンのセールスメールで伝えること】

セールスメールでも同様に、オンラインサロンの環境のよさをアピールしてください。メンバー主体で盛り上がっている様子を実例を交えて伝えるために、参加メンバーの感想やコミュニティや企画のレポートなどを見せてあげるとよいでしょう。

場合によっては参加メンバーのインタビューや、オフ会の様子を少し公開してあげると「私も参加してみたいな」と思ってくれるようになるかもしれません。

オンラインサロンのセールスもこれまでと同じようにZOOMのライブ放送で行います。その際、メンバーに出演依頼してみましょう。実際にサロン生の口からこんなに楽しいよとか、こういうことが勉強になったよという話をしてもらうとリアリティが高まります。

プロモーションビデオのようにかっこいい映像よりも、友達が言う「おもしろいよ」の一言の方がはるかに魅力的に感じるように、サロンのメンバーが「いいよ」というのが一番強いのです。オンラインサロンのセールスはそこまで作り込む必要はありません。ただメンバーが楽しそうに盛り上がってる様子を意識して見せてあげればいいのです。

04 ─ オンラインサロンの価格設定と運営の注意点

【オンラインサロンの販売方法】

オンラインサロンの販売方法の基本は月額制です。毎月の価格を決めて、毎月支払ってもらいましょう。クレジットカード払いのみに限定していいと思います。エキスパの決済を利用すれば銀行振り込みも可能ですが、銀行振り込みにすると、毎月の振り込みを忘れてしまう人が出てきます。忘れてしまうと「面倒くさいからもう退会でいいや」と考えてしまう人もいるので、自動的に引き落とされるクレジットカード払いだけで対応するのが得策です。

継続期間に応じて値下げをする

オンラインサロンには期限がないのが普通です。オンライン講座のように何ヶ月という期間が設定されていないので、だんだんと参加しているメリットを感じなくなってくる人もいます。

長くいてくれる人にそれなりのメリットを感じて欲しいなら、継続期間に応じて月額料金がディスカウントされる仕組みにしてみましょう。例えば最初は月額1万円で、半年継続すると7800円になるなどの方法です。

半年くらい経って「もうやめようかな」と考えたとき、値引きされたら「もう少し続けようかな」と思うのが人間です。月額料金を下げると1人当たりの収益は下がりますが継続率が上がるので、結果、サロンからの収益は安定します。

【オンラインサロンの価格相場】

オンラインサロンの価格はあまり相場からかけ離れ

● オンラインサロンの値引き例

基本月額料金	1万円
半年以降	7800円
1年以降	4800円

月額料金を下げると1人当たりの収益は下がるが、
継続率が上がる！

るとよくありません。無理なく継続しやすい価格帯を意識して値付けするようにしましょう。

オンラインサロンを盛り上げるためにはある程度の人数が必要です。多くの人が入りやすく、負担にならないような価格設定を心がけましょう。

目安としては、趣味系のサロンなら月額1000円〜3000円のレンジがよいでしょう。月額1000円程度で自分の居場所を見つけられるなら、安いもんだと考える人が多いです。継続率は高くなり、友達にも紹介しやすい値段なところも嬉しい点です。

副業や資格取得などの実益を伴うようなオンラインサロンの相場は、月額5000円〜1万円くらいです。社会人向けスクールの月謝と同じ価格帯で設定するパターンが多いです。

こちらの値段設定なら、アフィリエイトの報酬を若干高額に設定できるでしょう。さらに一定期間継続のディスカウントもしやすいです。趣味系だと元の月額料金が1000円なので、ディスカウントしてもあまり意味がないのですが、実益系は元の月額料金が高いのでこういった金銭的なメリットを与えやすくなっています。

時々、趣味系で500円や300円などの価格設定にする人もいますが、あまりに安い金額にすると適当な運営になりがちなのでおすすめしません。それなら1000円や2000円を徴収して、きちんとしたサロンを提供するのが正解です。仮に無料でも、やると決めた以上はサロンを提供する義務があります。それならばきちんと対価をいただいて、よりよい環境を提供した方がお互いのためになります。

こういった理由もあり、私は初月無料のサービスをおすすめしません。初月無料にすると冷やかしが多くなり、結局課金のタイミングで辞めていかれます。メンバーの質を担保するという意味でも、費用を払える人、払ってでも参加したい人だけを集めるべきなのです。

オンラインサロンの経費

フェイスブックグループやLINEオープンチャットは無料で使えるので、オンラインサロンの運営維持費は基本的に無料です。運営費の負担がほとんどないのですから、単純に参加人数×月額料金が収益になります。セミナーや飲み会などのイベントを開催する場合は、参加者からその都度料金を徴収するとよいでしょう。

部会やオフ会を主催してくれるサロン生への報酬は現金の場合もありますし、食事を御馳走する場合もあるでしょう。これはサロン生とあなたの関係性次第といったところです。

【オンラインサロンの退会手順】

エキスパなら解約手続きは簡単です。課金のストップの手続きができたら、次はコミュニティからの退会です。つまり、フェイスブックグループなどから抜けてもらいます。

こちら側から除名することもできますが、できるだけ自ら退室してもらうようにしてください。労力が減る利点もありますが、運営側が強制的に退会させると、特にＬＩＮＥオープンチャットでは「グループから退会させられました」というようなメッセージが表示されるので、グループの雰囲気が悪くなります。

自分から退室すると、このメッセージは表示されません。できるだけメンバー自身に退室していただくような形がいいと思います。

ただし、「私は今月で退会します。解約します。お世話になりました」といった投稿はさせないようにしてください。これをすると、後に続く人が出てくるからです。横の繋がりがあるのが、オンラインサロンのメリットでもありデメリットですから。そっと、無言で抜けてもらうようにしましょう。

何らかの問題があって、強制的に退会させる場合は、きちんと本人に説明しましょう。何も言わずに強制退会させるのは絶対にやめてください。

また、オンラインサロンではクレームがきた場合でも、基本的に返金する必要はありません。サロンは解約しようと思ったタイミングでいつでも解約できるので、返金しないのが普通です。

【オンラインサロン運営の注意点】

オンラインサロンの運営上の注意点のほとんどは人間関係です。人間関係と盛り上がりの2点を注意深く観察するようにしましょう。

メンバー同士のトラブルが発展して炎上することがあります。場合によっては責任を運営に押し付けられることもありますから、火種が大きくならないうちに何らかの処理をしてください。

利用規約を作ろう

オンラインサロンではトラブルや炎上が起こらないよう利用規約を作成し、徹底して厳守するのが重要です。利用規約の中では、メンバー同士良識を持って交流してもらえるように規則を設定します。

具体的な項目としては、特定のメンバーに向けて過度に絡むのを禁止するなどの内容があります。

特定の人に絡む場合、常に悪意だとは限りません。物知りな人に「これはどうでしょう」「あれはどうでしょう」と何度も質問してしまう人がいます。悪気はないのでしょうが、質問された側は負担が大きくなってしまうので、個別の質問は最初から禁止しておくのが得策です。

ネガティブな発言を繰り返す人には退会していただく場合があるという項目も注意書きに入れておくといいでしょう。ただし、いきなり退会させるのではなく、まずは個別で注意してから、どうしても改善しない場合に退会してもらいます。

強制退会の基準は明確に

他のメンバーに損害や損失を与えた場合など、運営側がふさわしくないと判断した場合は強制退会させる場面が出てくるでしょう。後々トラブルにならないためにも、強制退会の基準は明確にしておきます。強制退会の基準は、他のメンバーに損害を与える行為かどうかで判断するとよいでしょう。その人がいることで他のメンバーに害があるなら、辞めてもらうしかありません。その際の返金についての規定も定めておきましょう。

第6章

出版して
ショートカットしよう

01 ― ビジネスにはブランディングが必須

【ブランディングとは何か？】

本章では出版をしようという話をします。いきなり出版と言われて驚くかもしれませんが、出版は実はリモートビジネスにおいて非常に大きなメリットがあります。

今は自分には関係のない話に思えるかもしれませんが、本章の内容を読むことで出版が身近に感じられるようになると思います。

出版の話をする前に思い出して欲しいのは、リモートビジネスにはブランディングが大事であるという話です。

ブランディングとは、自分や商品の価値が人々に認知されること、他者と自分の価値を差別化することです。ブランド品という言葉がありますが、こういったブランドの価値を作りあげる戦略がブランディングという行為になります。

ブランディングでは、他人との差別化と同時に、認知されること、つまり広めることが重要になります。人々に価値を感じてもらうのが大事だということですね。ブランドイメージという言葉もあるように、人々からのイメージを意図的に作り上げる戦略がブランディングです。相手の感情をこちらで設計して他者と差別化していきましょう。

【ブランディングには時間がかかる】

ブランディングにはとにかく時間がかかります。

例えば有名ブランドでは、創業何百年のような長い年月をかけてブランドを構築しています。

リモートビジネスで使うブランディングの構築に何百年もかかることはありませんが、すぐに効果が出るわけではないことは知っておいてください。

最低でも半年から1年以上、コツコツと信頼を積み上げていく時間が必要になってきます。一瞬にして他者との差別化をして世間に認知されることは、よほどのことがない限りありえません。常に情報を発信して、継続した露出をしていくことで積み上がっていくのが、ブランドイメージです。

一度ブランディングに失敗すると回復が難しい

芸能人やタレントの炎上を見たことがあると思います。たった一度の炎上で芸能界から消えてしまった人も実際にたくさんいます。

炎上で大きくマイナスイメージをつけてしまった場合、失った信頼を回復するのは非常に難しいことです。

マイナスのブランディングでも、知名度が広まることがあります。悪名で広まってしまったブランドイメージをよいブランドイメージにするのは、かなりの時間と根気が必要です。

【ブランディングの様々な方法】

リモートビジネスのブランディングでは、タレントや芸能人のように有名人になる必要はありません。特定の分野で専門家であると認められ、専門家としての認知度があればそれでよいのです。

世間的に認められているという土台があるうえで、顧客との信頼関係を持つとリモートビジネスは上手く回ります。もちろんブランドイメージがあるだけでなく、顧客ときちんと向き合うことが大事です。そこは忘れないようにしましょう。

専門家としてブランディングされるということは、どういう状態でしょうか。「他にもたくさん教えてくれる人がいるけど、この人は違うな」と思ってもらえる状態が専門家としてブランディングされた状態です。

マニアや詳しい人、得意な人という枠から一歩出て、専門家として認知されはじめると、集客が途端に楽になっていきます。これがブランディングの力です。

リモートビジネスにおけるブランディングの効果的な方法は大きく分けて次の3つです。

- フォロワーを最低1万人以上獲得する
- 雑誌やテレビなどのメディアに取り上げられる
- 本を出版して著者になる

他にも方法はありますが、再現性と効果が高い方法はこの3つの方法になります。

フォロワーを最低1万人以上獲得する

とにかく目に見える実績を作ることが大事です。SNSのフォロワーやチャンネル登録者数は目で見えるファンの数ですから、これを最大限まで伸ばしていきましょう。

具体的には、最低1万人以上を目指します。1万人以上のフォロワーがいると、明らかに一般人とは違うステージの人に見えます。フェイスブックの友達は、5000人までしか増やせませんが、フォロワーは何人でも増やすことができます。フェイスブックでフォロワー1万人は大変かもしれませんが、コツコツ続けていけば不可能な数ではありません。

雑誌やテレビなどのメディアに取り上げられる

雑誌やテレビなどのメディアに取り上げられるのも、目に見える実績です。実際にその雑誌やテレビを見てもらわなくても、SNSで「このメディアに取材されました！」というだけでブランディングにつながります。

メディアからの取材は、タイミングや運の要素もありますが、コツコツとSNSなどで露出をしていると、向こうからやってきてくれることが多いです。私も、先日テレビのバラエティ番組からある分野の専門家として出演してくれないかというオファーをいただきました。私の運営するサイトを見て声をかけてくれたようです。このように、実績を積み上げることで向こうから声がかかることも少なくないので、コツコツと発信を続けましょう。

本を出版して著者になる

最後に紹介する方法が、本章でお伝えしたい「本を出版する」という方法です。出版して著者になることによって、効果絶大の目に見える実績ができます。出版は最高のブランディングになるので、次節からの出版する方法についての内容をぜひ参考にしてください。

02 ― ブランディングには出版が近道

[出版がブランディングの近道である理由]

私がリモートビジネスのブランディングで出版をおすすめする理由は、著者になることの確固たるブランド力です。

本を出していると、無条件でその分野について詳しい人というイメージがつき、専門家としての地位を獲得できます。ＳＮＳ上で似たようなビジネスをしている同業他者と圧倒的な差別化を図るには、出版が一番の近道になるのです。

さらに、本を出したという経歴自体が「すごい人」という印象を与えてくれます。自分の専門分野以外の相手、例えば全然知らない人に対しても効力を発揮するので、費用対効果は絶大と言えるでしょう。

さらに、出版をすることで雑誌やテレビなどの取材を受ける近道にもなります。出版から様々な仕事が舞い込んでくることは多く、本が売れた分だけ認知度が広がっていくのを実感できるでしょう。

【見込み客の獲得に繋がる】

出版は専門家としてのブランディング以外にもたくさんのメリットがあります。

例えば、自分のビジネスに繋げるための見込み客リストを獲得することも可能です。オンライン上で見込み客リストを獲得するために無料オファーを使う方法をお話ししましたが、これを出版に応用します。

本を購入してくれた人は、あなたのビジネスのジャンルに興味がある人なわけですから、読者にうまく無料オファーをセールスできれば、濃い見込み客リストが集まります。すでに書籍で勉強しようと思ってくれた人なので、オンラインコンサルティングやオンライン講座、オンラインサロンにも興味を持ってくれやすいですし、実際に成約率も高いです。

このようにブランディングと集客を一緒に行えるのが、出版の大きなメリットです。私が最初にインターネット関連の書籍を出版したときも、本から私のビジネスを購入してくれた人がたくさんいましたし、本がある程度売れた後には講演依頼や雑誌の掲載依頼がたくさん舞い込んできました。企業からのコンサルティング依頼もたくさん届きました。出版の恩恵を強く感じて驚いたのを覚えています。

【印税が入ってくる】

印税が多少なりとも入ってくることも出版の魅力です。

もちろん、本が売れないと印税は入ってきません。印税は本が売れた分だけ入ってくる仕組みだからです。印税を貰うためにも、販売力をつけることが大事になってきます。具体的には、フォロワーを増やしたり、ＳＮＳで積極的に宣伝することが販売力につながります。

このような理由から、リモートビジネスのために出版を強くおすすめしますが、出版なんて自分にできるわけがないと感じる方も多いと思います。しかし、出版を正しく知れば、そんなに難しい話ではないことがわかってもらえるはずです。まずは出版の仕組みについて解説していきましょう。

03 ─ 商用出版で出版することが大事

[出版の種類について]

一言で出版と言っても、実は様々な種類があります。本節では、出版の種類について解説していきます。出版の種類は大きく分けて次の3種類があります。

- ●商用出版
- ●自費出版
- ●電子出版

それぞれにメリットデメリットが存在しますが、ブランディングとして出版したいなら商用出版を目指すべきです。まずは、それぞれの出版について概要を知っておきましょう。

[商用出版とは]

商用出版とは、通常の出版方法です。あなたが書店で見かける出版物の出版形態のことを、商用出版と言います。

商用出版のメリットは、圧倒的なブランディング構築力です。自分の本が全国の書店で購入できるということは、かなりのブランド力になります。

また、商用出版は費用面でも優れています。商用出版では、出版に関わる費用は基本的に出版社が全て負担します。出版に際して、著者である我々に金銭的な負担が全くないということです。原稿の執筆には手間がかかりますが、金銭的な持ち出しは一切ありません。むしろ本が売れた分だけ印税が入ってきます。

雑誌などのメディアに取り上げられやすいのも商用出版です。ＳＮＳで拡散されやすいですし、話題にもなりやすいです。

デメリットとしては、簡単には出版ができないことでしょう。逆に誰でも著者になれるなら、出版にブランディング力はありません。専門家として実績や人気がある人や商用出版の知識がある人だけが出版できる、狭き門なのです。

【自費出版とは】

自費出版は、その名の通り、自分で費用を出して出版する出版形態です。自費出版の書籍は基本的に本屋さんに並ばないという特徴があります。印刷した書籍は自宅に届けられるので、これを手売りするようなイメージを持ってくれたらいいと思います。

また、出版に関わる全ての費用は自分で支払うことになります。印刷代金以外にも、編集やデザインの作業をプロに外注するとなると、それなりの金額になります。

自費出版のメリットは、どんな内容の本でも出せるところです。商用出版では、出版社が内容にOKを出さないと出版できません。つまり、売れると出版社が判断しなければ出版できませんが、自費出版は自分で費用さえ用意すればどんな内容の本でも書けるのです。

とはいえ、書店に本が並ばないという自費出版の特徴上、どうしてもブランディングの効果は薄くなります。最近の自費出版会社には、オプションで書店に営業してくれる会社もあるので、自費出版がしたい人はそういった会社を調べてみるのもひとつです。

［電子出版とは］

電子出版は、コストを最小限に抑えたデジタル形式の自費出版です。電子書籍の代表的存在のキンドルは、出版社を通さなくても出版できます。電子出版なら印刷代もかからないうえに、制作費も安いので自費出版としては、最もリーズナブルな方法です。ただし、電子出版は現物がなく、書店に並ばないのでブランディング効果は非常に薄いです。

手軽さで言えば電子出版、自費出版、商用出版の順になるのですが、手間がかからないものはブランディング効果が薄くなります。当たり前ですが、皆が手軽にできるものに価値はないからです。

ブランディングのために出版するなら、商用出版を目指して欲しいと思います。費用もかからないし、見込み客リストも獲得できるしで、出版するなら商用出版しか考えられません。とはいえ、敷居が高いのも事実です。次は、全くの無名な一般人でも商用出版できる方法について解説します。

04 ― 一般人でも商用出版できる方法

【出版社に企画を売り込む際の注意点】

具体的に一般人が出版する方法について解説します。自分から動いて商用出版を実現するためには、何をすればよいのでしょうか。

まずは、出版社に直接企画を売り込む方法があります。企画書を作ってこれを出版社に提出し、企画が通れば出版できます。自分が出版したい書籍の内容をプレゼンする企画書を作る際にいちばん大事なことは、企画を読んだ編集者に「この本は売れるぞ」と思ってもらうことです。

最近の出版業界はネット上の発言力を重視している傾向にあり、フォロワー数が多い著者は比較的スムーズに商用出版が可能になる流れになっています。他にもトレンドを捉えることも重要です。例えば流行りのビジネスをいち早く解説する書籍の企画があれば、出版社からぜひ出版したいと言ってもらえるでしょう。

企画書の完成度と著者の実力があれば、出版の可能性が十分にある方法が、出版社への直接売り込みですが、気をつけて欲しいこともあります。それは、一度通った企画がボツになることもありえるということです。

企画の内容がよかったとしても、他にいい企画がたくさん集まったら後回しにされたり、場合によってはボツになるパターンもあります。

とはいえ、インフルエンサーとしての販売力がある場合はこの方法が有力になります。逆にいえば、ブランディングの途中の状態の人、これから出版でブランディングしていこうという人にはハードルが高いかもしれません。そういう人は、次から紹介する方法で出版を目指すとよいでしょう。

【出版プロデューサーに依頼する】

あまり知られていないのですが、出版プロデューサーに依頼して出版を実現する方法があります。出版プロデューサーは、あなたに変わって企画書を出版社に売り込んでくれます。つまり、出版専門のコンサルタントです。

出版プロデューサーは企画書を売り込んでくれるだけでなく、企画書の作り方を教えてくれます。出版プロデューサーは出版社が喜ぶような企画書の作り方を知っていますし、出版社とのコネも持っていますから、高確率で出版につなげることができるでしょう。

ただし、費用は高額です。もちろん出版プロデューサーによりますが、１００万円から５００万円くらいの費用はかかります。

契約の際は必ず契約内容を細かく確認してください。出版が決まったら追加でお金を請求されるパターンもあり、支払えない場合は出版できないなどの契約になっていることもあるからです。

コンサルティング費を払ったのに出版できないなどのトラブルになることもあるので、契約確認はしっかり行いましょう。他にも、出版後に印税の一部をプロデューサー側に支払うなどの契約も存在します。

世の中には悪徳プロデューサーも存在します。詐欺に合わないように出版プロデューサーを探すためには、料金形態に注目するとよいでしょう。

コンサルティング料を最初に全額支払うパターンの場合、持ち逃げされることもあります。最初に手付金を半分支払って、無事出版が完了したら成果報酬を支払うという料金体系になっていれば安心です。

詐欺でなくても、出版プロデューサーの実力はピンキリです。バンバン企画を出版社に通す人気プロデューサーもいれば、全然成果を出せないプロデューサーもいます。出版プロデューサー選びは慎重に行ってください。

【編集プロダクションに売り込む】

最後に紹介する商用出版の方法は、「編集プロダクションに売り込む」です。

編集プロダクションとは、出版社の取引会社で、主に出版物の制作を行う会社になります。出版物を作る実務を担当する外部会社と考えるとよいでしょう。

編集プロダクションは、本を作ることが仕事です。出版社に企画書を売り込めば、自分の会社でその本を編集することになるので、仕事が増える仕組みになっています。

つまり、編集プロダクションにあなたの企画を持っていけば、編集プロダクションは自分の仕事に繋がるから出版社に売り込んでくれます。もちろん、出版社に通りやすい形にするためのアドバイスもしてくれます。

編集プロダクションには企画を通すノウハウがあるので、荒削りな企画でも立派な企画書にしてくれるでしょう。さらに、複数の出版社と取引があるので、企画に最適な出版社も選んでくれます。

出版社としても、同じ出版業界にいる編集プロダクションからの紹介となれば、真剣に話を聞いてくれます。

もちろん、出版プロデューサーにお願いするときのようなコンサル費もかかりません。

個人的には、出版するなら編集プロダクションに相談する形がいちばんいいルートだと思います。あなたの企画が通ることで編集プロダクションも仕事が獲得できる、WIN-WINの関係なので、最も理想な出版形態になっています。

私も過去に3冊の書籍を出版していますが、全て編集プロダクションに企画書を売り込んでもらいました。

出版するごとにブランディングは強くなっていき、SNSでの発言力も強くなってきました。そうなると販売力も上がってくるので、2冊目3冊目の出版は比較的スムーズに決まりました。そして、今回4冊目の書籍を書いているというわけです。

本が売れると次回の書籍の企画は通りやすくなります。出版でブランディングをすることで、よい循環が生まれてくるのです。

このように、出版をブランディングに活用すれば、リモートビジネスは次のステージを迎えます。ライバルと差をつけるためにぜひ出版を実現してください。あなたの成功を、応援しています。

おわりに

私は16年前からこのリモートビジネスに取り組んできました。当時はまだ会社員でしたが、いわゆるネットを使ったサイドビジネスをしてきました。その頃はまだユーチューブやＳＮＳもありませんでした。そんなまだネットインフラが整っていない黎明期の中で成果を出し、その手法を解説したのが２００７年に出版した1冊目の著書『ドシロウトでもつくれる儲かるしくみ』（インデックスコミュニケーションズ）です。

私がリモートビジネスに取り組んでからというもの、その間一度も収入が途絶えることはありませんでした。そして、今では家族でシンガポールに移住しています。この原稿も自宅のコンドミニアムの書斎でシンガポールの夜景を眺めながら書いています。こうして改めて振り返ると自分でも驚くくらいの変化です。

つまり、リモートビジネスは長期間稼ぎ続けることができる優れたビジネスモデルであるということです。そしてそれは個人の信頼の積み重ねにその礎があるということであり、毎日コツコツと情報発信を重ねてブランディングを構築してきた結果であると言えます。これは誰でもブランディングできるということ、誰でもこのビジネスで収入を得ることができるということの証明でもあります。事実、この16年間で教えた生徒数は３０００人を超え数多くの成功者を輩出してきました。

・

今こそ、このリモートビジネスに取り組むまたとない絶好のチャンスです。なぜなら社会がリモートビジネスを必要としているからです。当時借金まみれの貧乏サラリーマンで何の取り柄もなかった私ですらできたのです。難しいことはありません。あなたも今すぐこのリモートビジネスに取り組んでください。そして会社や周囲の環境に依存されない新しい収入源を作ってください。ＳＮＳやネットインフラが発達した今なら昔よりもはるかに簡単に構築できますし、本書で紹介したようにリモートビジネスに必要な素材やサービスは全て整っているのです。あとはあなたが行動するだけです。

今回、本書だけでなく私の全ての著書を企画して下さったケイズパートナーズの山田さん。本当にありがとうございます。当時全くの無名な私に著者になる機会を下さり感謝し

ています。1冊目の入稿の際、徹夜して一緒に食べたファミレスの味は今でも覚えていま
す。お互い歳も取りましたね。

私の指導を日々真剣に実践してくれている塾生、そして卒業生の皆さん。行動している
あなた達は結果が出る日が必ずきます。その日を楽しみに、ワクワクしながらこれからも
お互いに切磋琢磨していきましょう。

そして私を今まで支えてくれた妻と4人の子どもたち。いつもありがとう。みんなどん
どん育つけど、パパはあなたたちの将来が本当に楽しみです。新型コロナになって家にい
る機会が多くなり、家族の絆の大切さを改めて理解しました。パパはこれからも家族のた
めにがんばります。

最後にあなたへ。
ここまで読んでくださり、本当にありがとうございます。

時間が経つのは本当にあっという間です。
であるなら、今すぐ行動してあなたの価値を積み重ねてください。それはいつか必ず大きな財産となります。

今回の出版を機に姉妹本である『ひとりではじめるコンテンツビジネス入門』（山田稔著）とのコラボ企画にて本書で伝えきれなかった内容をセミナー映像にしてプレゼントしています。入手方法は次ページをご確認ください。ぜひ動画でも理解を深めて頂ければ幸いです。

大切なのは新しい環境に飛び込む勇気。行動力です。
新しい環境に一度でも身を置いてしまえば、もう成功したも同然です。
大丈夫。あなたなら絶対にできる。

２０２０年11月吉日　望月高清

これからの時代の新しい起業のカタチ！ シリーズコラボ企画

ひとりではじめるコンテンツビジネス入門（山田稔 著）
×
おうちではじめるリモートビジネス入門（望月高清 著）

あなたのビジネスに役立つ 3つの特典映像をプレゼント 合計2時間50分

【特典1】 特別セミナー映像（80分）

「出版ブランディングでビジネスを加速させよう」

講師：山田稔

- 出版できる企画書の書き方
- 専門家でなくても出版する方法
- 出版社が求めているネタとは　ほか多数

【特典2】 特別セミナー映像（50分）

「リモートビジネスでもう一つの収入を確保しよう」

講師：望月高清

- リモートビジネスの売り上げを最大化させる
- 抑えておくべき商品作成のポイント
- セールスからカスタマーまでを自動化する方法　ほか多数

【特典3】 山田稔×望月高清　特別対談映像（40分）

「リモートビジネスがもたらす社会的な影響について」

プレゼントは右のQRコードを
読み取って下さい。

直接ブラウザに入力する場合は
下記のURLをご入力ください。

https://www.hitoriouchi.com/

特典映像は著作権法で保護された著作物です。 許可なく配布・転載を禁止します。
特典は予告なく終了する場合があります。 お早めにお申し込み下さい。

著者紹介
望月 高清（もちづき こうせい）

1974年静岡生まれ。シンガポール在住。
2006年サラリーマンから独立し株式会社モッティ設立。以降個人法人問わず3000名を超えるクライアントに集客マーケティングを指導。現在はシンガポール法人および香港法人を設立し事業拡大に向けグローバルに活動中。

『ドシロウトでもつくれる儲かるしくみ』（インデックスコミュニケーションズ）、『はじめての稼ぐホームページ作りのツボ』（秀和システム）、『ネット集客での売上に直結する見込み客リストの集め方・使い方』（ソシム）他。
YouTube「望月こうせいの成功法則チャンネル」毎日更新中
http://www.youtube.com/user/emotty1

これからの時代の新しい起業のカタチ!
おうちではじめる リモートビジネス入門

2020年11月27日　初版第一刷発行

著　者　望月高清
発行者　宮下晴樹
発　行　つた書房株式会社
〒101-0025　東京都千代田区神田佐久間町3-21-5　ヒガシカンダビル3F
TEL. 03（6868）4254
発　売　株式会社三省堂書店/創英社
〒101-0051　東京都千代田区神田神保町1-1
TEL. 03（3291）2295
印刷／製本　シナノ印刷株式会社

ISBN978-4-905084-42-6